주식회사 **대한민국**

주식회사 대한민국

헬조선에서 민란이 일어나지 않는 이유

박노자 지음

한겨레출판

(주)대한민국이라는
괴물과 싸우는 방법

1990년대 이후 '근대·근대성 비판'이 유행했지만, 사실 많은 면에서 근대는 해방적이었다. 전통사회의 철저한 신분 위계 속에서 해방의 길이 보이지 않았던 천민(노비, 백정 등)과 여성 등이 근대에 접어들어 남들과 같은 '인민' 내지 '시민'이 될 수 있었던 것은 역사 속의 큰 진보라고 할 수 있다. 우리는 가끔 전통사회를 현실 이상으로 미화하지만 이는 잘못하면 위험천만한 일이 될 수 있다. 전통사회에서의 태생적 신분에 따른 차별은 우리로서는 상상할 수 없는 것이다. 예컨대 서얼에 대한 차별이라는 틀 속에서도 둘째 부인의 소산과 첩의 소산을 또 차별하는 등 크고 작은 차별이 줄을 이었다. 불가(佛家)에서 '중생들을 다 같은 것으로 본다'는 추상적인 의미에서의 평등을 오랫동안 말해왔지만, 전통사회에서 현실적 평등은 상상조차 할 수 없었다.

변증법적으로 본다면 자본주의적 근대는 이런 신분 해방과 동시에 피통치자들에게 철저한 경제적 예속을 안겨준다. 해방이 온 것처럼 보여도 진짜 해방일 리가 없다는 것이다. 전통사회의 농민은 각종 차별과 억압에 시달리긴 했어도 토지를 빼앗겨 유민(流民)이 되지 않는 이상 경제적으로 자급자족적이었다. 물론 보통 매우 가난한 처지였지만, 약간의 토지와 농기구만 주어지면 입에 풀칠은 할 수 있었단 말이다. 토지를 빼앗겨도 궁여지책으로 화전민이라도 될 수 있었다. 하지만 도시화된 대한민국에서는 어떤가? 텃밭이라도 가꾸어 자급자족할 수 있겠는가? 대부분의 도시민들에게는 현실적 대안이 되기 힘들 것이다. (주)대한민국의 '주주' 계층에 속하지 않는 이상, 호구지책은 크게 두 가지다. 3년 내 휴·폐업될 확률이 절반에 가까운 자영업 창업이라는 모험을 해보거나, 입에 풀칠이라도 하기 위해 자본에 품을 파는 월급쟁이, 즉 피고용자가 되는 것이다.

후자는 전통사회 기준으로 보면 '머슴'이 되는 셈이다. 하지만 이 길도 대한민국에서는 대다수에게 안정적인 삶을 보장해주지 않는다. '재벌 대(對) 하도급화된 중소기업'이라는 이중적 경제구조 때문이다. 재벌들의 직접 고용은 매우 제한적이며, 대부분은 각종 하도급·영세업체에 고용되어 열악한 노동조건하에서 일하거나 비정규직 혹은 '알바' 신세를 면하지 못한다. 청년층의 거의 4분의 1이 자신들을 '체감 실업자'로 분류하는 오늘의 이 구조 속에서, '머슴'의

자리마저도 점차 더 얻기 어려워지고 있다.

근대인은 경제적으로 자본에 예속돼 있는 '무산자'지만, 그렇다고 해서 자본이 이들의 삶을 보장할 의무는 없다. 그래도 최소한의 식량 지급을 보장해주어야 했던 노비의 주인에 비해, 임금노예들의 주인인 자본은 훨씬 더 책임 부담이 없다. 그러니까 대한민국의 가시적인 풍요 속에서도, 자본에 품을 팔 위치에 서 있지 않은 병약한 독거노인이나 고(故) 최고은 작가와 같은 실업 상태에 놓여 있는 젊은 노동자는 얼마든지 굶어 죽을 수 있는 것이다. 자본은 전통시대의 지배자들과 비교 못할 정도로 총체적으로 우리 삶을 통제하지만, 우리에게 '품삯' 외에는 아무것도 보장하지 않는다.

그렇다면, 비록 몸은 형식상 자유지만 '주인'을 만나지 못해 임금노예마저도 되지 못하고 임금노예 후보군으로 남아야 하는 무산자들은 그저 아사지경으로 몰려야 하는 게 현대자본주의의 보편적 구조인가?

정말 자본주의가 그렇게만 남아 있었다면 아마 전간기(1914~1945년)의 위기가 세계 혁명으로 번지고 말았을 것이다. 가만히 앉아서 굶어 죽는 것보다는 그래도 한 번 싸워라도 보는 게 인간의 심리이기 때문이다. 하지만 세계의 혁명적 위기가 일부 주변부 지역(러시아, 동유럽, 중국, 한반도의 북반부 등)에서는 혁명으로 이어졌지만 핵심부(구미권)에까지는 미치지 못했다. 혁명 세력의 압박을 직면한 자본주의 국가가 그 기능들을 전면적으로 수정했기 때문이다. 과거 대외적 폭력(전쟁, 식민지 획득 등)과 국내적 폭압(경찰제 등)을 그 중심 기능으로 삼았던 국가가, 전후 수정자본주의 속에서는 총자본을 보완하기 위해 총자본이 할 수 없는 일들을 모두 도맡았다. 임금노예들의 건강관리(무상의료)나 신진 임금노예들의 훈련(무상교육), 임금노예 후보군에 대한 전체적 관리 및 생계지원(실업수당 지급, 취업 교육 등), 임금노예들의 노후 생계보장(연금제도)부터 각종 안전검진, 사고예방 기능까지 맡았다. 총자본을 보완·견제하는 완벽한 '콤비'인 그런 국가가 없었다면, 핵심부의 자본주의는 혁명적 위기를 넘길 수 없었을 것이다. 2016년 현재 청년실업률이 절반에 달하는 그리스에서 국가가 청년실업자들의 생계를 책임지지 않았다면 그리스 사회는 과연 며칠이나 '안녕'할 수 있겠는가.

오늘날 핵심부 자본주의는 기본적으로 국가화되어 있는 자본주의다. 혹자는 대한민국이 그들과 얼마나 다르냐고 물을지도 모른다. 1960년대부터 수십 년간 국가주도 경제개발을 하다 보니 국가가 경제를 통제할 뿐만 아니라 사회까지도 압도해버릴 만큼 비대화된 게 아닌가 하고 물을 수 있을 것이다. 일면으로는 맞는 말이다. 핵심부 바깥의 국가 치고 대한민국의 국가 통치력은 매우 강력한 편에 속한다. 인구 1,000명당 현역군인의 수(12명)가 세계 상위권에 속하고, '병역자원'으로 관리되는 젊은 남성들의 일거수일투족을 관리하며 그 출입국도 거의 완벽하게 통제하고 있다. 세계의 징병제 국가 중에서도 최상위에 가까운 현역복무율(89%)을 달성한 대한민국은 어떤 면에서는 거의 '총동원 국가' 내지 '고도 국방 국가'에 가깝다. 일제 말기 전쟁 시기에 고도에 달한 군국의 통치력을 지금도 어느 정도 유지하고 있는 것이다. '안보'를 제외하고는 '공안' 기능도 수준급 내지 그 이상이다. 정보기술의 발전도 뒷받침되어 일제 말기의 수준을 이미 크게 능가했다. 최근의 이석기나 황선 등 좌파민족주의자들의 재판을 보라. 검·경이 그들의 발언 하나하나, 전자우편 하나하나, 거동 하나하나 다 아는 것을 보면 '빅브라더' 역할을 모범적으로 해내는 이 국가에 대해 상당한 압도감을 느낄 것이다.

그러나 문제는 대한민국의 전지전능함이 주로 20세기 중반 수정자본주의로의 대전환 이전의 국가 기능에 그친다는 것이다. 즉 대한민국은 내부 대민 통제력이 매우 강한 군국일 뿐이다. 전후 국가의 특징인 재분배 기능이나 전반적인 민생지원·자본통제 기능이 미(未)발달 상태에 있다. '능력'이 없는 것은 아니다. 대한민국의 행정력을 봤을 때, 현재 18% 정도 되는 조세부담률을 OECD 평균인 26%, 나아가 노르웨이 수준인 42%까지 올리는 게 불가능한 문제는 아니다. 그리고 그 돈으로 GNP 대비 사회복지지출을 현재 수준(10%)에서 OECD 평균(21%)이나 북유럽 복지국가들의 수준(30% 이상)으로 올리는 것도 '기술적으로'는 전혀 문제가 되지 않는다. 문제는 하나다. 바로 대한민국의 기본적 구조와 지배자들의 전략과 그들이 선호하는 정책, 그리고 그에 맞서는 민중의 저항력이다. 결국 문제는 '정치'다.

대한민국이 전지전능한 군국의 모습을 본격화한 박정희 시절, 재분배는 국가의 과제로 설정조차 되지 않았다. 노동자들은 그저 성장에 필요한 '인력'일 뿐이었으며, '성장 덕에' 아사지경에서 탈출할 수 있다는 점에 감지덕지해야 했다. 밑으로부터의 급진운동의 압력을 느낀 노태우·김영삼 정권 시기에 접어들어 아주 기초적인 일부 사회보장제도들이 초보적 형태로 도입됐다. 하지만 머지않아 1997~1998년 대한민국은 세 번째 대전환을 맞이해야 했다. 첫 전환은 1960년대 초반의 개발주의적 권위주의 국가로의 전환이었으며, 두 번째 전환은 1980년대 말부터 이루어진 제도적 민주주의의 제한적 도입이었다. 세 번째 대전환은 바로 신자유주의적 '주식회사형' 국가로의 재탄생이었다. 이 책은 바로 이와 같은 형태의 국가에 대한 종합보고서 성격을 띤다.

　이러한 국가의 특징은 무엇인가? 이 사회 대부분의 구성원들은 (주)대한민국의 주주가 아니다. 소액주주라도 되려면 적어도 뭔가를 '가져야' 한다. 빼앗길 가능성이 낮은 정규직 일자리, 약간의 땅이나 집 내지 아파트, 주식 등 이런저런 형태의 자산, 이들 중 무엇이라도 가져야 한다. 아니면, 적어도 국민의 태생적 권리로 국가로부터 각종 형태의 사회임금(무상의료, 무상교육, 연금, 실업수당, 생계보조비 등)을 받을 자격이라도 가져야 '소액'이긴 하지만 '주주'라 할 수 있을 것이다. 하지만 대한민국에서 실업수당이나 국민연금 등 사회임금에만 의존하면서 산다는 건 불가능하다는 게 '국민의 상식'이다. 집이나 정규직? 절반에 가까운 한국인들에게 집이나 정규직은 없다. 자산? 상위계층의 10%가 전체 부(富)의 66%를 독점하는 것이 대한민국이다. 이렇게 보면 대한민국 구성원의 질반 기까이는 이 사회의 주주가 될 자격이 없는 명실상부한 무산자라고 봐야 할 것이다. 그런데 작은 아파트나 제조업 회사의 정규직 자리를 하나 갖는다고 해서 과연 상황이 근본적으로 달라지는가? 경영 참여는 꿈도 못 꾸고, 하라는 대로 잔업과 특근을 하느라 일주일 실질노동시간이 50~60시간이나 되는, 40대 이상 되면 근골격계 질환이나 신경질환을 앓게 되는 대한민국의 '피곤한 노동자'들은 과연 '주주'인가? 사실 주주급이 되자면 대기업의 대주주나 임원, 고급공무원, 혹은 땅부자 등 고액재산보유자가 되어야 할 터인데, 대한민국에서 이 그룹들은 서로 겹치거나 혼맥 등 매우 긴밀한 사회적 네트워크로 연결되어 있기까지 하다. 이들이야말로 (주)대한민국의 주주들이다.

(주)대한민국의 주된 특징이라면, (정말 악질기업답게!) 오로지 주주들의 배당금 극대화만을 위해 분투한다는 것이다. 피고용자, 즉 (주)대한민국의 주주가 될 가능성이 없는 임금노예들은 그저 주주 배당금 극대화의 '재료'쯤으로 여긴다. 예컨대 청해진해운의 대주주나 임원이야말로 (주)대한민국의 주주다. 그러하기에 청해진해운을 포함한 해운기업들은 노후 선박을 운용할 권리를 손쉽게 따낼 수 있

었다. 과적운항 역시 국가가 아닌 선박회사들의 조합이 맡아 하는 매우 형식적인 간이 출항검사를 통과한 것만으로 가능했다. 그렇게 하다가는 세월호 참사와 같은 끔찍한 사고가 언제든 일어날 수 있었지만, 배를 타고 다녀야 하는 이들은 어차피 '주주'가 아닌, 주주 배당금 극대화를 위한 '재료'에 불과하기에 별 상관이 없었을 것이다. 외국자본도 (주)대한민국의 주주가 되어 국내의 '재료'를 적극 활용하여 폭리를 취하는 대열에 합류할 수 있다. 1994년 유공(현 SK케미칼)이 가습기 살균제라는 살인적 화학물질을 처음 개발했을 때, (주)대한민국을 대신해 산업통상자원부 국가기술표준원이 이를 허가해주면서 아예 KC마크까지 붙여주었다. 그렇게 해서 만들어진 시장에 외국계자본인 그 악명 높은 옥시까지 합류한 것이다. 결국 그 돈벌이에 100여 명이 '살해'당하는 동안 (주)대한민국의 질병관리본부나 환경부 등이 열심히 한 것이라곤 수수방관뿐이다. '주주'들이 그 본연의 역할인 배당금 극대화에 열중하는데, 그들의 대표격인 국가가 왜 참견을 하겠는가?

기본적으로 자본주의 국가는 총자본의 총체적 이해를 대변한다. 다만 (주)대한민국에는 핵심부 자본주의 국가가 대부분 갖추고 있는 보완적인 재분배의 역할이나 대(對)자본 견제·감시 역할이 거의 없다는 점에서 차이가 난다. (주)대한민국은 20세기 중반 수정자본주의로의 전환 이전의 국가처럼 기본적으로 안보국가·경찰국가이며, 거기에 더해 자본을 위한 만능 해결사 노릇까지 맡고 있다. 그게 전

부다. (주)대한민국에는 노동자들을 위한 영역이 없다.

(주)대한민국 주주 배당금 극대화의 '재료'가 되어야 하는 머슴들은 도대체 어떻게 해야 하는가? '정글 자본주의' 상황에서 굶어죽지 않기 위해, 최소한의 생존 기회를 얻기 위해, 참사의 희생자가 되지 않기 위해, 적어도 재분배와 대(對)자본 견제·보완 기능은 갖춘 국가를 필요로 하는 이 땅의 임금노예들은 무엇을 해야 하는가? 역사를 보면 도출 가능한 답은 하나뿐이다. 위에서 전간기 이후 핵심부 자본주의가 수정자본주의로 전환해야 했던 원인을 이야기하지 않았던가? 동쪽으로부터의 혁명적 도전을 맞닥뜨린 유럽 자본주의는, 혁명적 위기의 상황을 모면하기 위해 결국 재분배 국가를 만들어 총자본에 대한 견제모드로 들어갔다. 절명의 위기가 아닌 이상, 그 어떤 자본주의 국가도 자신의 본질에 반하는 평등지향적 정책을 취할 리만무하다. 한국에서도 다를 것 없다. 1987년 이상의 대중시위와 파업운동으로 '거리'가 통치 불능의 상태에 빠지고 경제가 마비되어 국가가 통치력 상실의 위기감을 느껴야 명실상부한 변혁의 가닥이 잡힐 수 있을 것이다.

그렇다고 해서 운동의 최종적 목표를 '주식회사' 해체와 공공성 높은 재분배 국가의 건설로만 제한해선 안 될 것이다. 한국에서야 재분배 국가조차 존재한 적 없지만, 1945년 이후 수정자본주의로 전환한 국가들마저 지금은 급속도로 그나마 있던 재분배 체제를 망가뜨려가고 있다. 한국과 정도의 차이가 크긴 해도 많은 면에서 닮아가고 있는 것이다. 그들 역시 핵심부형(型) 신자유주의 국가로 재편돼가는 상황에서, 한국 단독으로 전후 유럽과 같은 모델을 향해 달려갈 수 있다고 믿는 것도 다소 비현실적이다. 물론 대중적인 압력이 있는 만큼 국가가 일정한 양보를 하게 될 것이고, 그런 양보를 쟁취하는 것은 중요한 성취다. 하지만 세계자본주의 체제 전체가 급속도로 기존에 있던 민주주의적 내지 복지주의적 요소들을 줄여나가면서 신권위주의적 기업국가 모델을 향해 가고 있는 상황에서, 한국 국내 자본만이 국외의 경쟁·협력자들과 정반대 노선으로 가리라고는 예상하기 힘들다. 러시아나 중국과 같은 초대형 영토국가에서, 그것도 20세기에나 '일국사회주의'를 꿈꿀 수 있었다. 대외무역의존율이 100%에 가까운 작은 나라에서는 '일국복지주의'도 쉽지 않을 것이다. 다소의 양보는 쟁취할 수 있더라도 말이다.

결국 극소수를 위한 돈벌이 '재료'로 전락한 국내 다수 피해대중의 투쟁은 신자유주의, 나아가 자본주의 자체의 해체를 위한 국제연대의 일부분이 되어야 할 것이다. 그렇지 않으면 경제영토를 이미 중국과 동남아시아 등으로 확장시킨 국내의 극도로 국제화된 재벌들과 효율적으로 싸울 수 없을 것이다. 우리는 현실을 직시해야 한다. 전간기 혁명적 위기 이후 한때, 자본주의는 다수의 피고용자들에게까지 '모두 다 골고루 잘사는' 대중적 풍요사회의 유토피아를 그릴 수 있었다. 하지만 오늘날에는 핵심부에서마저도 수정자본주의 모델이 점차 깨져가면서 세습화된 금수저와 흙수저의 사회, 극도로 비민주적인 기업 본위의 사회로 나아가고 있다. 그렇기에 보다 나은 미래를 원한다면 지구적 규모의 자본주의 철폐를 궁극적인 목적지로 삼지 않을 수 없다. 그 길 위에서만, 밑으로부터의 압박으로 (주)대한민국이라는 현재의 세계체제가 낳은 한 마리 괴물을 다소 순치시킬 수 있을 것이다. 잘하면 그 괴물을 장사 지내 보낼 수 있을지도 모른다. 그리고 그때서야 우리들은 권리 없는 머슴에서 평등사회의 시민으로 거듭날 수 있을 것이다.

*** **차례**

1부

지옥의
논리

'헬조선'에서
민란이 일어나지 않는
이유

　과거 중국이나 한국의 전통사회에서는 국가 관료들이 백성 사이에서 불리는 노래를 채집하러 다녔다. 민요를 곧 민심의 표현이라 생각하고, 이를 통해 민심을 읽으려 한 것이다. 요즘 같으면 젊은층의 민심을 읽기 위해 젊은이들이 지어낸 신조어를 살펴보는 것도 좋은 방법일 것이다. 이런 신조어가 사회의 특징을 예리하게 짚어내 한번 매체에 소개되면 전국민적 용어가 되기도 한다. 1990년대 중반 중·고등학생들의 은어였던 '왕따'라는 말이 한국형 조직문화의 부정적인 측면을 잘 표현해 이제는 성인들 사이에서도 보편적으로 쓰이는 용어가 된 것이 좋은 예다. 이런 용어들을 잘 보면 우리 사회의 현주소가 그대로 보인다.

그렇다면 요즘 젊은층에서 유행하는 신조어를 보고 느껴지는 게 있는가? 3포세대(연애, 결혼, 출산을 포기한 젊은이), 5포세대('3포'에 취업, 주택 구입 포기를 추가), 7포세대('5포'에 인간관계, 희망 포기를 추가), 영포자(영어를 포기한 청소년·청년), 그것보다 조금 더 오래된 이태백('20대 태반은 백수'의 준말)이나 인구론('인문계 졸업자는 90%가 논다'의 준말) 등. 이와 같은 신조어의 뜻을 외국 대학생들에게 하나하나 설명하면서 오늘날 한국 사회의 실상을 설명해주어야 하는 대학교원 입장인 나만 해도, 벌써 절망과 무기력의 무드에 빠질 정도다.

절망 코드야말로 한국 젊은층의 신조어를 관통한다. 이들 신조어 중에서도 압권은 헬조선, 즉 '지옥 같은 한국'이다. 영어인 '헬'(Hell=지옥)은 이 신조어의 현대성을 부각하지만, '한국'도 아닌 '조선'이 등장하면서 이미 신분의 대물림이 거의 제도화된 한국 사회의 퇴행성을 암시한다. 150년 전에 조선의 한양 북촌에서 태어난 권문세가의 자녀들이 입에 금수저를 물고 태어났듯, 오늘날 '강남족'은 거의 자기들만의 세습적 카스트를 이루어 거주지, 통혼권, 학습·유학 루트, 언어(영어 상용 선호), '웰빙' 등의 차원에서 배타적인 세습신분 계층을 형성한 게 아닌가?

'헬조선론'이 한국의 2010년대 중반을 대변하는 것은 전혀 우연이 아니다. 한 세기 이전에 레닌이 제정러시아를 가리켜 "제국주의세계의 가장 약한 고리"라고 부르지 않았던가? '약한 고리'라는 것은, 제정러시아는 비록 '열강' 대열에 속하긴 했지만 '열강'치고 민중의 박탈감이 가장 강하고 온갖 모순들이 가장 복잡하게 얽히고설킨 사회라는 뜻이었다. 아무리 '열강'의 위치에 있다 해도 실은 가장 내파되기 쉬운 나라라는 점을, 레닌이 간파한 것이었다. 오늘날 대한민국은 외형상 (명목상의 국내총생산액으로 치면) 세계 13위 경제대국이며 세계 5위 수출대국, 세계 7위 군사력 보유국이기도 하다. 말하자면 (준)열강이다. 한데 서민 대중의 실질적 생활상을 들여다보면 전혀 다른 그림이 펼쳐진다.

부자 나라 클럽이라고 할 경제협력개발기구(OECD)에 가입하긴 했지만, 문맹률이 70%이던 제정러시아가 문맹자가 극소수이던 프랑스나 독일과 달랐듯이, 한국의 사회적 지표들도 여타의 OECD 국가들과 완전히 다르다. 예컨대 한국의 국내총생산 대비 복지 예산 비율은 10.4%로 OECD 국가 중 최하위다(2014년 기준). 김대중·노무현 정부 시절에는 그래도 2년에 1%씩 오르긴 했지만, 이명박 대통령 집권 이후 거의 제자리걸음이다. 프랑스(31.9%)나 핀란드(31%)와 비교하는 거야 무리라고 해도, 경제력이 한국보다 훨씬 약한 에스토니아(16.3%)와도 격차가 꽤 크다. 대한민국을 '복지 없는 경제대국'이라고 규정하지 않을 수 없다. 물론 국내총생산 대비 세금 부담률(24%)도 프랑스나 핀란드보다 두 배 정도 낮긴 하다. 하지만 저과세는 세금 낼 소득원 자체가 없는 가난한 젊은이들보다는 현대판 경화벌족(京華閥族)인 '강남특별시' 시민들에게 훨씬 유리한 것이다.

저과세와 무복지는 결국 세계 최악에 가까운 자살률과 최저에 가까운 출산율로 이어지고, OECD 회원국 중 최저의 주관적 행복지수로 이어진다. 행복지수가 꼭 주관적 '감성'만을 뜻하는 건 아니다. 각자의 신체적 체감까지 포함하는 지표이기도 하다. 예컨대 한국인의 평균 수면시간(7시간 49분)은 프랑스인보다 무려 한 시간이나 짧아 OECD 국가에서 최저인데, 잠도 충분히 잘 수 없는 사람들이 스스로를 가리켜 "지옥에서 산다"고 하는 게 근거 없다 하기 힘들 것이다.

제정러시아의 막대한 군사력과 그 민중의 처참한 삶이 전혀 다른 차원에 속했듯 '경제대국 대한민국'의 휘황찬란함은 그 생산의 피라미드를 뒷받침해주는 다수의 불안정노동자와 자영업자, 빈민의 삶까지 윤기 나게 하지는 않는다. 보통 신자유주의 국가에서는 성인 당사자들만이 서로 '무한 경쟁'을 벌이고 있지만 계급 재생산이 학벌 피라미드를 통해 이루어지는 한국의 경우에는 부모만 경쟁하는 것이 아니고 자녀들까지도 이미 유치원 때부터 '대입'을 염두에 둔 피 말리는 교육자본 축적 경쟁에 투신해야 한다. 아이는 아이대로 아동기를 빼앗기고, 어른은 어른대로 교육비를 벌기 위해 삶을 저당 잡힌다. 초·중·고 학생 1인당 월평균 24만 원의 사교육비, 즉 일종의 사설 교육세금을 내기 위해 빚을 지거나, 병날 각오를 하고 두 직장을 다니기도 한다. 한국의 월평균 사교육비는, 상대적으로 더 부유한 국가인 일본의 월 사교육비(평균 15만 원 정도)보다 훨씬 높다. 승자가 태생적으로 이미 거의 정해져 있으며, '패자 계층'에서 태어난 죄밖에 없는 사람이 경쟁하면 경쟁할수록 질병과 채무만이 늘어나는 곳은 정말로 지옥 아닌가?

제정러시아와 오늘날 대한민국의 유사성은 '국력'과 '민중 행복지수'의 믿지 못할 정도의 불균형으로 끝나고 만다. 제정러시아는 이미 1905년 혁명 이후로는 전 세계 혁명 전위의 위치에 올랐지만, 대한민국은 가면 갈수록 더 짙은 보수성을 드러낸다. '헬조선 지옥도'를 그리는 사람들은 이민을 토론하거나 이런 데서 태어난 '팔자'를 한탄하지, 현대판 동학농민혁명을 꿈꾸지는 않는다. 젊은이들 사이에서 하나의 핵심어로 떠오른 '이민'은, 결국 더 부유하고 재분배 제도가 그나마 돌아가는 곳으로 가서 그곳의 시장 경쟁(단 한국보다 덜 치열하고 더 공평한 경쟁!)에서 삶의 터를 잡으려는, 사실 극히 보수적인 꿈을 함의한다. 1917년 러시아에서 대공장 고숙련 남성 정규직들은 볼셰비키(레닌을 중심으로 한 러시아혁명의 주도세력)를 열렬히 지지했지만, 오늘날 대한민국에서는 대공장의 조직화된 숙련공들이 자본주의를 문제 삼기는커녕 비정규직들과의 연대마저도 사양하는 사례가 수두룩하다. '헬조선'에서 죽창의 그림자마저 쉽게 보이지 않는 이유는 과연 무엇인가?

이 질문에 단순한 답은 없다. 너무나 많은 요인들이 한국 젊은이들을 투쟁이 아닌 절망으로 몰고 갔다. 예컨대 한국에서 자주 '좌파'로 오인되는 주류 개혁주의 정당에 대한 실망은 큰 몫을 했을 것이다. 2002년과 2012년 대선에서 노무현과 문재인에 대한 20·30대의 지지는 각각 59%와 64%였는데, 과연 '주류' 야당이 젊은층 지지를 받는 만큼 비정규직이 없는 세상을 만들기 위해 한 일이 많은가? '88만원 세대', 즉 불안정노동시장으로 내몰린 대규모 젊은층의 출현은 사실 노무현 집권 때부터의 현상 아닌가?

가장 큰 요인은 '성장 신화'의 지속이 아닌가 싶다. 여태까지 성장 속에서 어느 정도의 생계 안정을 이룩한 부모 세대의 지원에 힘입어 실업자가 돼도 굶을 일은 없는 많은 젊은이들은, 한편으론 '헬조선 지옥도'를 그리면서도, 한편으론 경제성장과 각자의 노력이 결국 문제를 풀어줄 것이라고 은근히 기대하고 자신들의 어려움을 '자기 탓'으로 쉽게 돌린다. 성장이 둔화된 지 얼마 되지 않은 만큼, 아직도 성장에 대한 기대감이 있는 모양이다. 재벌경제가 아무리 수출을 잘해도 다수의 삶이 나빠지기만 하는 경험을 앞으로 몇 년은 더 해야, '헬조선'의 피해자들이 이 사회를 연대해서 바꾸지 않는 이상 살길이 없다는 점을 깨닫게 될 것인가.

우리가
'개인'이 되지 못하는
이유

우리는 어떤 '사건'이 벌어졌을 때 모두 함께 의분을 매우 잘한다. 일정 기간 동안, 해당 사건이 밝혀준 부조리를 바꾸어야 한다고, 거의 모두 같은 목소리를 낸다. 그러나 흥분이 가라앉는 대로 사건은 잊히고, 우리는 새로운 공분 대상을 찾는다. 또한 언론 매체의 기질상 사건화될 수 없는 무수한 사회적 폭력들에 대해서는 그 누구도 개인적 책임을 지려 하지 않는다. 우리 사회의 아쉬운 특징이다.

한 가지 사례를 들겠다. 몇 년 전 시나리오 작가이자 영화감독 최고은은 '아사'라고 할 수 있는 끔찍한 죽음을 당했다. 정확하게 이야기하면 갑상선기능항진증과 췌장염을 앓던 그가 수일째 굶은 상태에서 제대로 치료를 받을 돈도, 힘도 없어 사망했다. 사실 "선진국이 됐다"는 대한민국에서 돈 없고 친척 없는 사람들이 종종 아사한다. 학력이나 내세울 만한 경력이 없는 쪽방의 독거노인의 아사는 고작 해야 지방신문에서 단신으로 처리되겠지만, 이미 영화를 만들어본 젊은 고학력자의 죽음은 '신분'에 미친 사회에서 그 '격'을 달리했다. 매체들이 일제히 보도했고, 수많은 사람들이 분노했다. 때마침 사회적 타살이라고 할 그 죽음이 영화계의 가난한 다수가 어떻게 사는지를 보여주었다고, 영화인 노조가 성명서를 내기도 했다.

알고 보니 제작사라는 이름의 '갑'들이 휘어잡고 있는 영화계에서 영화 스태프의 월평균 소득이 불과 52만 원(2009년 기준)이었다. "한류 영화들이 아시아를 점령한다"고 보수주의자들이 쾌재를 부르지만, 1960년대 말 구미 시장을 공략한 한국제 의류가 저임금으로 겨우 먹고살았던 여공들의 노력으로 만든 것이었듯이, 한류 영화도 결국 상상을 초월하는 노동 착취의 산물이라는 것은 우리가 외면하고 싶은 불편한 진실이다.

좌우간, 몇 달 동안 최고은 감독의 죽음은 논쟁거리였고, 그 영향으로 예술인복지법이 만들어졌다. 한데 그 법에서 4대 보험 혜택이 빠져 한계가 많은데다가 영화계 '을'들에 대한 '갑'의 횡포는 크게 바뀌지 않았다. 물론 그 와중에도 독거노인들은 계속해서 지병과 배고픔으로 죽어나간다. 그중에서 아사자가 몇 명이 되는지는 정확한 통계마저도 없다. 2011년에 무연고 사망자가 727명에 달했는데, 상당 부분은 오랫동안 제대로 먹지 못해 죽음에 이른 것이 아니었을까 싶다. 그러나 경쟁에 중독된 사회는 경쟁 능력이 없는 '주변인'에 대해서는 원초적으로 무관심하고, 한때 세인들의 눈길을 끈 최고은 사건은 이제 기억에서 사라져간다. 그리고 전혀 바뀌지 않은 현실에 대해서는 그 누구도 책임을 지려 하지 않는다.

최고은은 비록 배고픔으로 죽었지만, 한국 사회의 신분 논리상 '지식인'으로 분류됐다. '지식인'의 죽음은 그나마 잠깐이라도 뉴스거리가 될 수 있는 것이다. 사회의 공론장을 '관리'하는 고학력자들은 그래도 '동류'의 생사에 무관심할 수만은 없다. 하지만 '공돌이, 공순이'의 죽음은 요즘 아예 '뉴스'로 다루어지지도 않는다. 40여 년 전에 함석헌(1901~1989)이나 안병무(1922~1996)에게 전태일의 죽음은 그들의 지적인 인생을 바꿀 만한 일대 '사건'이었다. 그 누구도 '정상적'이라고 볼 수 없는 병영형 독재국가에서 살아야 했던 당시의 인텔리들에게는, 아무리 머리가 좋아도 집안 형편상 죽어도 인텔리가 될 수 없는 사람들에 대한 부채의식이라도 있었다. 오늘날의 대한민국은 신자유주의적 세계로서는 지극히 '정상적인' 사회라서 그런지, 그런 부채의식마저도 사라져버린 듯한 느낌이다.

삼성 노동자 중에는 이미 백혈병으로 죽은 사람이 56명에 이르고, 적어도 1명(14년 동안 방독마스크나 보호구 없이 위험물질을 다루었다가 2011년에 사망한 김진기 씨)의 경우에는 산재사망이라는 공식 판정까지도 나와 있지만, 이는 대다수 언론에서 '뉴스'도 되지 못하고 '주류' 사회에서 거의 거론조차 되지 않는다. 다행히도 몇 해 전 서울대학생들이 '기업 살인'의 직접적인 책임이 있으리라고 판단되는 황창규 전 삼성전자 사장의 초빙교수 임용에 반대해 '침묵의 카르텔'에 균열을 일으켰다. 그러나 지금도 버젓이 자행되고 사건화도 잘 되지 않는 기업의 탐욕에 의한 살인을 방지하기 위해서 과연 우리는 무엇을 하고 있는가? 삼성전자의 제품들이 얼마나 많은 '을'들의 고통·질병·사망을 대가로 해서 만들어지는지를 뻔히 알면서, 우리가 수십 명의 노동자를 죽인 이 기업에 대한 불매운동이라도 제대로 해봤는가? 그렇게 죽어나가는 사람들 앞에서 우리가 한 공동체에 속한 개인으로서의 책임을 과연 느끼고 있는가?

일본의 패전 이후, 나중에 자유주의자들 사이에서 '사상의 왕'으로 통하게 된 비평가 마루야마 마사오(丸山眞男, 1914~1996)는 전시 천황제 파시즘 시기의 일본을 "무책임의 체계"라고 규정했다. 모든 사람이 대가부장인 천황에게 충성해야만 하는, 주체성이 거의 결여된, 개인이 아닌 '구성원'인 만큼, 아무리 끔찍한 악행을 저질러도 주체적이지 못한 '시스템의 나사'들은 이 악행을 '개인으로서의 나'의 책임이라고 받아들이려 하지 않는다는 것이다. 마루야마의 서구 중심주의적인, 자유주의적인 한계에도 불구하고 이와 같은 분석이 전전 일본의 중요한 측면을 폭로했음에 틀림없다. '가족국가' 틀 안에서는 자율적 개인이 불가능한 이상, 책임 있는 개인도 당연히 없다. 그런데 이미 '가족국가'와 멀어진 신자유주의 시대의 대한민국이라고 해서 과연 얼마나 다른가 싶다. 이유는 다르지만, 우리에게도 자율적 개인도, 책임의식이 있는 개인도 거의 없는 것 같다.

우리는 '개인'이라기보다는 '전사'들이다. 이북 주민들에게 '수령의 전사'가 되는 것이 강요된다면, 우리에게는 사회적으로 '생존 전사'가 되는 것이 강요된다. 살아남기 위해서, 부적응자들을 철저하게 걸러내는 사회에 어떻게든 제대로 편입하기 위해서 매일매일 처절한 싸움을 벌여야 한다. 이 싸움에서 전우는 없다. 혹시 메가스터디라는 학원 재벌의 이 광고 문구를 기억하는가.

"새 학기가 시작되었으니 넌 우정이라는 그럴듯한 명분으로 친구들과 어울리는 시간이 많아질 거야. 그럴 때마다 네가 계획한 공부는 하루하루 뒤로 밀리겠지. 근데 어쩌지? 수능 날짜는 뒤로 밀리지 않아. 벌써부터 흔들리지 마. 친구는 너의 공부를 대신해주지 않아."

실은 이 단순해 보이는 텍스트는 박정희 시절의 "국민 총동원", "군대에 갔다 와야 남자가 된다", "하면 된다", "잘살아보세"만큼이나 오늘날 대한민국의 '국시'를 그대로 잘 표현한다. 사회의 규율에 자신을 완벽하게 맞추어서 자신의 몸값을 무조건 높여야만 하는 우리의 '생존 전사'들에게는 '우정' 같은 개념은 허용하면 안 된다. 대타적인 '정'이 통하지 않는 상황에서 '생존 전사'의 정신세계를 다스리는 것은 낙오의 공포다. 혹시나 누군가가 성공하고 내가 밀리면 어쩌나 하는 공포감이다.

사회가 유발한 생존 공포에 빠진 이들에게는 어떤 대타적인 책임을 느낄 만한 여지가 없다. 전시의 일본 군인만큼이나 말이다. 이용 가치 높은 그 누군가에게 아부하지 못하면, 공부를 망치고 스펙 쌓을 일을 못하게 되면 '나'부터 망하는데, 백혈병에 걸려 죽는 삼성 노동자나 독거노인, 제작사들이 함부로 부리는 영화판 스태프들을 생각할 여유가 있겠는가? 실은 생존 공포라는 부자연스러운 상태에 빠지게 된 사람들에게 "사회적 책임을 져라" 하고 요구한다는 것 자체가 지나치게 가혹할는지도 모른다. 생존공포증은 엄연히 '병리적 상황'이기 때문이다. 사회적으로 유발된 병리적 상황이다. 생존공포에 빠져 그저 경쟁에서 살아남아 일정한 사회적 지위를 획득하는 것만을 꿈꾸는 사람은 사회적 부조리를 거부할 줄 아는 자율적 개인이 될 수 없다. 그러나 바로 이것이야말로 이 사회의 '주류'가 간절히 열망하는 사항이다. 자율적 개인이라면, 조금이라도 이윤율을 높이기 위해 위험물질을 다루는 반도체 노동자들에게 보호구조차 제대로 지급해주지 않는 자본 시스템을 받아들일 수 없을 테니까 말이다.

우리 사회는 공통의 책임의식을 공유하는 자율적인 개인들 사이의 연대만이 살릴 수 있을 것이다. 그러나 그 길은 아직 멀고도 멀다.

경제 인종주의라는
이데올로기

    얼마 전 열흘 동안 특강을 위해 미국 캘리포니아주를 돌 일이 있었다. 당시 미국의 현실을 보면서 떠올랐던 것은 한국의 현실이었다. 돌이켜보면 두 나라의 관계는 가히 숙명적이라 하겠다. 미국이 신자유주의의 본산이라면, 한국은 신자유주의의 모범사회다. 어떤 면에서는 신자유주의 시대의 한국은 미국보다 더 미국적인 사회다. 예컨대 인문학 경시 풍조는 한-미 양쪽 대학의 공통점이지만 '비인기 학과'를 아예 없애버리는 한국의 기업형 대학들에 비해, 미국 대학들의 인문학 고사 정책은 점진적이다. 한국 대학들의 '과감한 시장주의'를 선망하는 미국 대학 당국자들도 똑같이 하고 싶어하지만,

학생·교원들의 저항이 훨씬 거세기에 그리 손쉽게 인문학 말살 정책을 쓰지 못한다. 미국에서 저항의 중심으로서의 대학의 구실이 크기 때문이기도 하지만, 한국의 신자유주의 정책 강도가 더 높기 때문이기도 하다.

미국의 신자유주의는 약 35년의 역사를 가진다. 1970년대에 두드러진 기업 수익성 위기에 대한 응답으로서의 신자유주의는, 단기 이윤의 최대화를 뼈대로 한다. 노동자들의 실질임금은 동결 내지 인하하고, 외국의 저임금 지대에 맡길 수 있는 생산을 모두 국외로 빼돌리는 것은 미국식 신자유주의 정책의 기반이다. 한국의 신자유주의는 미국의 절반 정도밖에 안 되는 역사를 가지지만, 그 짧은 시간 동안 미국 이상으로 신자유주의화를 감행했다는 것은 그만큼 속도가 빠르고 정책의 강도가 매우 높았다는 뜻이다.

금융자본·기술생산의 중심인 미국과 달리 한국은 제조업 중심 국가다. 그만큼 저임금 지대로의 생산 이전이 쉽지 않다. 한국의 국내 총생산 가운데 제조업 비중은 1980년대 말 이후로 계속해 30% 안팎이었으며, 이 수치는 줄어들지 않았다. 반대로 지속적인 생산 이전의 결과로 미국의 제조업 비중은 13% 정도에 불과하다. 또 역사적으로 이민자들의 나라로 성장해온 미국은, 신자유주의 시기에 이민자들의 저임금 노동에 대한 초착취를 통해 이윤율을 부분적으로 회복할 수 있었다. 거의 노예 신세에 가까운 약 1100만 명의 '불법체류자'를 비롯하여 미국 총인구에서 1세 이민자들이 거의 15%를 차지하는데, 이는 대다수의 유럽국가와 견줘도 높은 수준이다. 반대로 한국에서는 아무리 외국인의 수가 늘어났다 해도, 아직 외국계 인구 비율이 3% 정도. 외국인 착취도, 공장 이전도 미국만큼 하지 못한 한국 정부·자본의 '미국보다 더 강한 신자유주의 조처'의 실체는 과연 무엇인가?

우리에게 흔히 '비정규직 양산'으로 알려진 이중 노동시장을 만든 것이야말로, 미국 등 세계 체제 핵심부와는 다른 준주변부 국가인 한국에서의 신자유주의 도입의 핵심이다. 정규직–비정규직 사이의 차이는, 단순히 고용 형태의 차이가 아니다. 한국 사회는 기본적으로 기업사회다. 기업·직장을 떠나서 한국 사회에서는 사회적 시민권이란 존재하지 않는다. 의료·교육 등 본인의 생존과 자녀의 성장에 가장 필요한 사회적 서비스도 무료가 아니며, 또 실업수당부터 국민연금 내지 기초생활수당까지 각종 사회적 임금들은 그 지급 기간이 짧거나 조건이 까다롭거나 생활이 불가능한 작은 액수다. 결국 (정규직) 직장이 없는 이상 한국 사회에서 인간다운 삶이란 불가능에 가깝다. 이런 측면에서 전체 근로인구의 절반이나 되는 비정규직 층을 양산하는 신자유주의적 조처는 단순히 고용 시장의 악화가 아니었다. 새로운 현대판 천민계급을 만들어 그 천민들에 대한 초착취를 통해 이윤 위기의 타파를 시도한 것이다.

거칠게 이야기하면 '남'(미국 재벌들의 해외 하도급 기업의 저임금 노동자나 이민자)을 과도하게 착취함으로써 수익성 회복에 나선 미국과 달리, 한국에서의 신자유주의는 자국민 임금 근로자 절반 이상을 현대판 천민으로 강등시켜 집중적으로 착취하는 것을 뜻했다. 경제 식민지 확보가 미국에 비해 훨씬 더 어려운 한국의 자본은, 결국 자국민의 상당 부분을 식민화한 것이다. 이 자국민의 식민화 과정은 우리 일상 속의 통념에 어떤 영향을 주었는가?

미국에 가서 느낀 점은, 1960년대의 투쟁을 통해 형식상으로나마 인종차별이 철폐됐다고는 해도 기본적으로 미국 사회가 여전히 인종 피라미드의 형태를 띠고 있다는 점이다. '모든' 백인이 다 특권을 누린다는 것은 아니지만 특권층의 절대다수는 여전히 백인이다.

〈포천〉지가 선정하는 미국 500대 기업의 최고경영자(CEO) 중에서 흑인과 아시아인, 라틴(중남미)계는 합해서 4%밖에 차지하지 못한다. 나머지 96%의 미국 경제계 지배자들은 백인이다. 미국 전체 인구 중에서 백인은 62% 정도만 차지하는데도 말이다. 앵글로색슨 계통의 백인들이 여전히 지배층의 뼈대를 이루는가 하면, 내가 여행한 캘리포니아의 일상 속에서 만나볼 수 있는 대부분의 서비스 노동자들은 전부 라틴계다. 심지어 LA의 코리아타운에 가도, 한인들이 운영하는 음식점이나 가게에서 서비스 노동을 도맡아 임금 착취를 당하는 사람들은 대개 라틴계다. 철저하게 종족계급(ethnoclass)별로 서열화돼 있는 미국 사회에서 예컨대 한국인을 포함한 동아시아 출신들은 대개 기술자와 중소기업인의 중간 계층에 해당된다. 얼핏 보면 '성공한 마이너리티'처럼 보이지만, 실제로는 어느 수위 이상

으로는 집단적으로도 개인적으로도 성장하기가 힘들다. 노골적 인
종차별은 퇴조를 보여도, 인종적 경계선들은 그대로 남아 있을 뿐만
아니라 오히려 신자유주의 시대에 더 강화된 것이다.

그렇나면 같은 한국인들을 천민화시켜 착취하는 한국은 어떤가?
우리 상전 국가의 고질적인 인종주의에 상응하는 것은 대한민국의
철저한 경제 인종주의다. 한국은 혈통주의 사회인데도, 혈통주의는
그 사회적 차별의 구도를 전혀 결정짓지 않는다. 내가 한국에서 만
난 비한국인 노동자들 중에 한국에서의 차별과 폭력에 가장 깊은 원
한을 가지고 있었던 이들은 오히려 바로 '같은 혈통'인 중국 조선족
과 탈북자들이었다. 타자든 자국민이든 한국의 차별구도는 명확히
경제본위다. 물론 호남인에 대한 지역차별이라든가 지방대 내지 고
졸 출신에 대한 학력차별 등 지연·학연에 따른 차별의 구조는 옛날
부터 상당히 복잡했지만, 신자유주의 시대의 신흥 천민계급의 출현
에 따라 이 모든 차별관계들은 주변화되고, 비정규직에 대한 살인적
차별은 차별구도 전체의 중심에 서게 됐다. 이 차별의 심도는 미국
에서의 인종주의보다 더하면 더하지 절대 덜하지 않다.

서울 압구정동의 한 부촌 아파트에서 음식물 던지기 등 주민으로
부터 "동물과 같은" 대접을 받고, 잔심부름과 언어폭력에 시달리다
못해 결국 분신자살한 이만수 열사를 기억하는가? 그와 같은 처지
에 있는 전국 25만 명의 경비 노동자들이 당해야 하는 차별은, 1960
년대 이전의 미국에서 흑인들이 감수해야 했던 일상적인 모욕과 하

나도 다를 게 없다. 모범적 신자유주의 국가인 대한민국에서의 경제 인종주의는 오늘날 미국의 종족적 인종주의를 오히려 능가할 수준이다. 그 피해자는 경비 노동자뿐인가? 대개 비정규직인 은행·증권·생명·손해보험회사 등의 고객응대 업무 담당자의 66%가 고객의 폭언에 시달리고 있다는 게 최근 발표된 조사 결과다. 노인이나 여성일 가능성이 높은 비정규직 노동자를 괴롭히는 것은 한국에서 현대판 양민이라고 할 '시민', 즉 중산층의 대중적인 '기분풀이'가 된 셈이다.

미국에서 종족적 인종주의와의 투쟁에서 흑인·백인 운동가들이 연대했듯이, 한국의 경제 인종주의와의 투쟁을 비정규직·정규직들은 모두 함께해야 마땅하다. 백인이라고 경제적 몰락이 비껴가지 않듯이, 영구적인 정규직도 없다. 설령 본인이 평생 정규직이라 해도 그 자녀가 비정규직이 될 확률이 높은 게 오늘날 한국이다. 우리는 과연 경비 노동자에게 반말을 해대고 음식을 던지는, 또 그런 대우를 받는 불안정노동자에게 분신 이외에는 저항수단이 없어진 사회에서 영원히 살고 싶은 것인가?

영어병(病)
백인병(病)

    우연히 한 일본 대학의 영문 소개 책자를 본 적이 있다. 그 대학에서 공부하는 유학생 대부분은 한국인과 중국인 등 이웃 나라에서 온 아시아인들이었다. 한데 책자의 사진에는 일본인 학생 외에는 '아시아적으로' 생긴 얼굴이 아예 보이지 않았다. 책자 모델로 호출된 외국인 유학생들은 전원 백인이었다. 나중에 들은 바로는, 이런 관행이 일본 대학가에서 흔하다고 한다. 실제 일본에서 공부하는 약 13만 명의 외국인 중에 아시아 출신이 92%로 절대적이다. 대부분의 학생들은 중국(62%)이나 한국(12%)에서 온다. '하얀 나라'에서 온 학생의 비율은 약 4%에 불과하며 그들 중에서도 상당 부분은 아시아계 학생들이다. 그럼에도 일본 대학들은 안내 책자에 아시아 학생들을 '노출'시키는 것을 꺼리면서 '백인 학생 모시기'에 안간힘을 쓴다. '중국인이 몰려오는 학교'라는 인상이 강해지면 그 학교의 '위상'을 상징해야 하는 '백인'들이 오지 않을 것 같다는 공포감 때문이란다.

여기까지 읽은 독자들은, 역시 '탈아입구'(脫亞入歐: 아시아를 벗어나서 유럽 열강처럼 되자)를 비공식적 국시로 삼아온 일본다운 치사함이라고 치부하고 말 것이다. 하지만 문제는, 한국이 식민지 시대 친일관료군을 계승한 엘리트에 의해서 지배돼온 국가인 만큼, 일본이 지니는 병리들의 상당 부분을 우리도 공유한다는 것이다. 사실 그 일본 대학의 책자를 보는 순간 내 머리에 떠오른 용어는 '백인 프로젝트'였다. 내가 방문한 국내의 한 대학 대외교류 책임자들이 사석에서 써온 용어였는데, 그 뜻은 '학교 위상 제고 차원에서 파격적으로 좋은 조건을 제시해서 백인 유학생 유치에 힘쓰자'는 것이었다. 외부인인 나에게 이런 '프로젝트'의 대강을 아무 거리낌 없이 설명하는 태도로 봐서는, 그들은 이와 같은 용어의 사용이 국제적으로 범죄로 간주되는 인종주의에 해당된다는 사실 자체를 거의 인식하지 못한 것 같았다. 한국의 외국인 유학생 현황도 일본과 대략 비슷하다. 전체 약 8만 6000명의 외국인 대학생 중에서 아시아 출신이 7만 6000명으로 대다수를 차지하며, 유럽 출신은 약 4000명에 불과한데다가 그 다수는 단기 (주로 어학) 연수생이다. 여러 가지 역사·문화적 이유로 일본·한국에서 생산되는 지식을 가장 잘 수입할 나라들은 바로 중국과 베트남 등의 한자문화권 국가들이나 그 인접 나라들이다. 그렇다면 대학 행정가들이 '학교 위신 제고'를 운운하며 엄청난 돈을 써가면서 '백인 모시기'에 올인하는 이유는 무엇일까?

여기에서 근인과 원인을 구별해서 말해야 하겠다. 근인을 이야기하자면 김대중 정권 이후로 역대 정권들의 변함없는 대외 예속적 학술·교육 정책을 꼽아야 할 것이다. 신자유주의를 기조로 하는 그 정책은 학술·교육을 상품으로 규정하는 것부터 시작한다. 대학 학위도 학술 논문도 휴대폰과 다를 게 없는 상품이라면, 그 상품들을 구매력이 가장 큰 잠재적 구매자들이 가장 많이 사는 지역의 언어 등의 기준에 맞추어서 만들어 팔아야 한다. 중국 대학마저도 영어논문의 게재에 포상금을 주는 만큼 영미권 학술 시장이 가장 큰 것으로 인식되기에 한국 대학들에서도 불도저식으로 영어 강의를 강행하고 학교와 연구소를 영어논문제작소로 만드는 게 신자유주의자로서는 당연한 결정일 것이다. 신자유주의자가 아니라면, 교육이나 특히 인문사회학 같은 학문을 상품이 아닌 인간의 계발과 자기실현의 도구로 생각할 것이고, 그 나라의 교육과 인문사회학은 그 나라 주민 다수를 위해서 존재하고 그 다수의 언어로 이루어지는 게 바람직하다고 판단하겠지만, 대부분이 미국에서 받은 학위를 주된 상징자본으로 내세우는 한국의 교육·학술 정책 담당자들은 이런 비판을 들으려 하지 않는다. 학술언어로서의 한국어가 말살되고 학술·교육의 영어화가 폭력적으로 이루어지는 상황에서는 영어 구사력이 좋다는 구미권 유학생들에게 우선순위를 두는 게 자연스러운 일이다. 결국 한국의 지배자인 강남족들이 원하는 풍경은, SKY(서울대, 고려대, 연세대) 대학의 강의실에서 구미권 출신이나 미국화가 완벽하게 이루어진 한국계 교수가 구미권 출신과 한국 지배층 출신이 반반인 학생들에게 '네이티브'(원어민 같은) 발음으로 영어 강의를 하며, 그 과정에서 한국 지배계급의 다음 세대가 굳이 유학 가지 않아도 충분히 미국화될 수 있는 그런 모습일 것이다. 식민지 시대에 대부분의 고등교육이 '내지어'(일본어)로 이루어진 것까지 염두에 두면, 식민지 지배층과 불가분의 역사적 관계를 지니는 오늘날 한국 지배층의 이런 구상의 계보도 쉽게 짐작할 수 있다.

저들에게 단순히 새로운 '내지어'(즉, 영어)를 잘하는 외국인이 필요한 것이라면, 유학생의 다수를 차지하는 중국인 등을 차별할 이유도 없다. 그들의 영어 구사력은 많은 경우 한국인을 훨씬 능가하기 때문이다. 이외에도 인도나 말레이시아, 필리핀 등 여러 아시아 국가 출신의 유학생들이 평균적으로 한국인보다 영어를 더 잘한다. 그들을 차별하면서 '오로지 백인'에게 집착하는 데에는 보다 깊은 문화·세계관적 원인이 있다. 이 원인은 바로 한국에서 비공식적으로 거의 제도화된 차별적 대외관이다. 전 세계를 하나의 커다란 위계질서로 파악하는 이 대외관은 《서유견문》(1895) 등 구미권과 일본의 '문명의 서열' 개념을 국내로 도입한 개화기의 서적부터 그 계보를 추적할 수 있지만, 결코 서구발 인종주의의 단순한 '번역'에 국한되지 않는다. 거기에다가 언어(즉, 영어 구사력)나 종교 등 타자의 상징자본과 특히 타자의 경제력에 대한 서열적 평가도 결합해 매우 복잡한 피라미드 구조를 이룬다. 이와 같은 서열적 대외관 형성에 당연하게도 작용한 것이 한국의 국시 격인 성장제일주의나 국내에서 팽배한 황금만능주의, 영어 구사력이 매개가 돼 매겨지는 국내에서의 상징자본의 서열 등이다. 결국 타자에게 적용되는 서열은 내부 서열의 연장선상에 있다고 보는 게 정확하다.

식민지 엘리트에 의해서 건국되고 통치돼온 나라인 만큼 한국의 인종주의는 자민족 위주도 아니다. 철저하게 백인 숭배식이다. 이 현상을 가장 통감하는 사람들은, 고국에 돌아와도 같은 미국이나 캐나다 국적의 백인에 비해 늘 홀대당하고 우선순위에서 밀려야 하는 북미 거주의 한인 교민들이다. 놀라운 것은, 이와 같은 백인 숭배와 제도화된 혈통주의가 얼마든지 공존공생할 수 있다는 것이다. 외국인 관련의 법률상 '해외 동포'와 일반 외국인은 차별적 대우를 받으며, 전자의 경우 체류 연장이나 영주권 신청 등이 비교적 더 쉽다. 대중의 의식에서도 보통 혈연적 관련성이 없는 외국인에 비해서는 '동포'에 대한 친밀감이 훨씬 더 짙은 것으로 나타난다. 아직까지도 '동포'는 '한민족 대가족'의 일원으로 파악된다. 하지만 그러면서도 비공식적으로 자타가 공인하는 서열에서는 이 '가족'들보다 백인이 더 높은 지위를 점한다는 게 한국인 대부분이 갖는 대외관의 출발점이다.

단순한 백인 숭배와 비백인 천시로 한국형 인종주의가 끝나지도 않는다. 피부색과 무관하게 동유럽 '못사는 나라' 출신들은 수모를 겪어야 하는가 하면, 예컨대 영국 시민권을 가진 부유한 인도 출신의 2세 이민자는 그 경제력이나 영어 구사력만큼의 '대우'를 받게 된다. 종교의 비공식적 서열도 한몫을 한다. 예컨대 '비백인이지만 부자 나라'인 싱가포르 출신이라 해도 상당수가 기독교인인 화교는 이슬람교도인 말레이족보다 더 나은 '대우'를 받게 된다. 천차만별의 다면적 차별구도다.

차별이 일상화·체질화돼 있는 사회가 행복할 리 없다. 우리가 진정으로 다문화를 지향하자면 우리 마음 안에서의 '백인병(病)'이나 '못사는 나라'를 우리 밑으로 보려는 성장제일주의부터 치료·극복해야 한다. 그러려면, 국내인들을 획일적으로 줄세우는 경제력·상징자본의 위계질서부터 먼저 타파돼야 할 것이다.

한 대학 강사의
죽음

한국의 어느 지방 도시에서 한 여성이 한국사를 전공했다. 관심사가 다양해, 정치사부터 음식이나 복식의 역사까지 폭넓게 연구 활동을 벌여 학술 논문도 대중교양적 성격의 글도 썼다. 물론 박사학위 소지자이기도 했다. 하지만 아무리 열심히 해도 그에게는 두 가지 약점이 있었다. 하나는 한국 지배층의 언어인 영어가 아닌 평민의 언어, 즉 한국어로 학술 활동을 했다는 것이다. 한국 땅에서 한국사를 같은 한국인에게 가르친다 해도, 상전 국가의 말로 글을 쓰고 말을 하는 것이 가능하다고 검증된 사람, 즉 영미권 중심의 학술 시스템에 편입된 사람이 아닌 이상, 대학 교원으로 임용이 어려운 게 이

나라의 현주소다. 두 번째는 지방대를 나온 현대판 천민으로서, 그에게 유일한 정규직 취업 가능성은 출신 대학으로의 취직이었다. 간판이 '자유민주주의'인 대한민국은 국민들에게 이동의 자유를 보장한다지만, 이는 실질적으로는 학계의 불가촉천민이라고 할 지방대 출신에게는 해당되지 않는다. 운 좋게 외국에 '학술 망명'하여 거기에서 자리를 잡지 못한 이상, 그들을 반길 수 있는 유일한 곳은 그들의 출신 학교뿐이다.

출신 학교의 사학계 권위자는 그의 약점을 누구보다 더 잘 알았다. 아무리 부려먹어도 도망갈 곳이 없다고 생각하여, 그를 비정규직으로 취직시켜 고되게 착취했다. 그는 일단 꾹 참았다. 언젠가 정규직이 될 희망 때문만은 아니었다. '영어도 못하는 지잡대 출신'을 인정하는 곳이 그 모교 말고 어디도 없었다는 것도 아주 컸다. 타자로부터 인정받지 않으면 과연 인간이 존엄성을 지키고 사는 게 가능할까? 하지만 무엇보다 현실적으로 제일 큰 문제는 취직이었다. 그는 자신을 부려온 권위자가 퇴임 후 자신을 후임으로 뽑을 것을 기대했다. 계속해서 "챙겨주겠다"고 약속해온 그를 일단 믿어본 것이다.

그러나 보스가 아랫사람을 착취하는 만큼 그 미래까지 챙겨야 했던 온정주의적 개발국가 시대는 이미 지났다. 신자유주의 모범국가인 대한민국에서는 법적 구속력이 없는 그 어떤 언약도 그저 이익추구의 도구에 불과하며, '갑'에게 불리하면 바로 파기된다. 그 역시 그 '갑'에게 속고 말았다. 실제 후임으로 뽑힌 사람은 별다른 업적은 없었지만, 권위자 자신과 마찬가지로 서울대 출신으로 사학계의 '성골'이라고 할 인물이었다. 그는 그 순간 깨달았다. 대학이라는 이름의 착취공장에서 그의 앞에 기다리는 것은 오로지 불안노동 속 착취와 궁극적인 폐기처분이라는 점을. 그러면 '을'이 할 수 있는 것은 무엇일까? 함께 연대해서 투쟁하기에 대학 비정규직들은 너무나 원자화돼 있다. 살인적인 업적 경쟁으로 각종 사적인 관계망을 타고 올라가야 하는 대학의 현실 속에서 비정규직들에게 연대란 대단히 어려운 이상이다. 그리고 그는 무엇보다 피곤했다. 착취와 멸시에 지칠 대로 지친 것이다. 결국 그는 스스로 목숨을 끊었다. 채점을 마치고 나서다. 그 자살에 대한 책임을 면피하려 했던 권위자는 사후에 그를 '정신 이상자'라고 규정했다. 아무리 비극적으로 죽어도, 상아탑의 천민은 죽고 나서도 계속 귀족들로부터 멸시를 당해야 하는 모양이다.

나는 지인으로부터 위와 같은 대학 비정규직 자살 이야기를 들었을 때, 슬픔과 함께 어떤 절망감 같은 것을 느꼈다. 사실 상아탑을 받쳐주는 '을'들의 죽음의 행렬은, 1997~1998년의 외환위기 직후부터 시작됐으니 어제오늘의 소식만도 아니다. 아직도 학문의 세계를 고상하게 상상하는 선남선녀들은, 정규직 임용이라는 하늘의 별 따기 이상으로 어려운 과정을 통과하지 못한 학자는 그저 무한 '갑질'의 대상에 불과하다는 점을 알고 나서 새삼스럽게 놀라곤 한다. 노예의 삶에 지쳐 죽음을 택한 피해자의 유서가 일반인들로서 상상조차 하기 힘든 대학의 추악한 이면을 공개할 때마다 사회는 크게 경악하곤 했다. 몇 해 전, 조선대에서 13년이나 비정규직으로 착취당해온 서정민 박사(음운론)가 자살했다. 그의 유서를 통해 알게 된 것은, 그의 지도교수가 정규직 임용을 미끼로 그로 하여금 54편이나 되는 논문을 대필하게 하는 등 문자 그대로 '논문 제작 기계' 삼아 이용해왔다는 사실이었다. 서정민 박사가 "나는 노예가 아니다", "한국 대학사회가 증오스럽다"고 외치면서 저세상으로 떠났고, 유족들은 학교를 상대로 퇴직금 소송을 벌이고 있는 중이다. 물론 학교는 사과조차 하지 않았으며 논문 대필 의혹 등에 대해서 들려온 대답은 "학계의 관행"일 뿐이었다. '서정민 유서'가 한때 세인들의 관심을 받았다 해도, 바뀐 것은 아무것도 없었다. 정규직 임용권을 손에 쥐고 있는 '갑'들은 여전히 '을'들을 노비처럼 부리고, 절망 끝에 죽음을 생각하는 이들이 여전히 상아탑에 꽤 많다.

저임금 등에 신음하는 '학계 무산계급'은 신자유주의적 세계 어디에나 있다. 2007년 조사를 보면, 미국 대학 교원의 70%가 비정규직이었으며 이들은 평균 1년에 2만 달러 정도의 임금을 받는 등 '워킹 푸어'의 전형이었다. 그러나 한국에서 비정규직 사정이 훨씬 나쁜 이유 중의 하나는, 한국 대학의 공공성이 약하다는 것이다. 한국 정부가 재벌들의 사익을 보장해주는 개별 자본들의 '해결사'에 불과하듯, 학계 역시 마찬가지로 개별적 보스들의 권력이 학문적 객관성보다 우선이다. 미국에서도 가끔가다 학계에서 정규직 임용 절차에 의

문을 제기하지만, 한국은 아예 그 임용이 공정할 수 있다고 아무도 믿지 않는다. 그러기에 상아탑의 사회에 편입하려는 사람은, '진리 탐구'보다 먼저 그 편입의 관문을 통제하는 관리자들의 구미를 탐구해야 하고, 그 관리자의 의사(擬似) 가신이 되는 방법부터 탐구해야 한다. 가신에게는 거절의 권리라고는 없다. 논문 대필 등은 연구 실적에 대한 허위 보고, 즉 엄연히 이야기하면 범죄에 속하지만, 대필 요구에 응할 수밖에 없다. 그리고 제보자를 무자비하고 철저하게 보복하는 마피아적 성격의 폐쇄된 카르텔인 학계의 성격상 대필에 대한 고발은 자살을 결심할 정도가 아니면 하기 어렵다. 살아남아 고발에 대한 보복을 당하는 건 학계에 계속 종사하려는 개인으로서는 너무나 무거운 짐이 되기 때문이다. 지난번에 한국 학계의 모든 폐단들을 한 몸으로 다 보여준 어떤 '교육학 대가'가 박근혜 정권에 의해서 교육부 장관으로 임명될 뻔했을 때에 그 대필 강요 피해자들이 용기를 내서 범죄 사실을 〈한겨레〉를 통해 밝혀 그가 장관에 임명되는 참사를 예방하는 데 일조했을 때 나는 내심 무척 기뻤다. 죽지 않고 자신이 대필 강요의 피해자임을 밝히는 게 이 나라 학계 관례상 보기 드문 일이기 때문이다.

결국 한국 학계에서 신자유주의란 지방대 출신에 대한 차별, 개인적 시혜·수혜 관계, 폐쇄된 소(小)사회에서의 매우 폭력적인 사적 예속 등과 같은 전통·식민지·권위주의 시대 유산과 불안정노동·무한 경쟁이라는 후기자본주의적 현상들의 중첩을 의미한다. 근대적 공공성을 대신하는 권위주의적이고 폭력적인 '전통'들은, 신자유주의적 착취공장이 된 대학에서 '월화수목금금금'과 같은 방식으로 보스들에게 저임금이나 무보수로 초과 착취를 당할 무권리 노동력의 공급을 보장해준다. 폭력적 과거와 초자본주의적 현재의 겹침은, 죽음이 아니면 저항 방법이 거의 보이지 않는 괴물적 한국 학계를 만들어냈다. 대부분의 고졸자가 대학을 들어가는 시대다. 대학의 이런 암흑적 이면에 우리 모두 관심을 가져 차별·예속·착취에 시달리는 대학 비정규직들과 연대해서, 그들이 죽지 않고 살아남아 투쟁을 통해 그 인간적 존엄성을 되찾을 수 있는 사회적 분위기를 만들어주어야 하지 않을까?

학피아,
학살의
종범들

　노엄 촘스키의 명언 중 이 말이 가장 생생하게 기억에 남는다. "최악의 학살자는 현장에서 직접 살인을 벌이는 졸개들이라기보다는, 멀리서 정장을 입고 조용한 사무실에 얌전히 앉아 있는 고학력자 출신의 지휘자다."

　세월호 학살도 마찬가지다. 주류 언론들이 도망친 선장 등에게 비난의 화살을 돌렸지만, 비정규직이기도 한 선장은 촘스키가 이야기한 '졸개'에 불과했다. 고물 선박 구입과 관련된 규제를 풀고 선박에 대한 감독을 해운업자 조직에 맡기는 등 과적 운항을 상습화시킨 '조용한 사무실에 얌전히 앉아 있는' 관피아야말로 학살의 원흉임을 이제는 삼척동자도 알 것이다.

그러나 관피아와 함께 이 학살이 일어나도록 공을 들였으면서도, 관피아보다 훨씬 더 그늘에 가려 있는 초대형 조직은 바로 학피아, 즉 정부·기업들과 긴밀히 유착돼 있는 대학가 내지 학계다. '규제완화' 등 관피아가 추진하는 범죄적 정책들의 골간을 학피아가 만들어내고, 곡학아세하면서 합리화하기에 이 학살의 원인들을 논할 때 학피아를 빠뜨릴 수 없다. 하지만 국내는 아니지만 일단 대학 교원인 나 자신에 대한 반성문을 쓰는 입장에서 학피아 문제를 본격 거론하기 전에 몇 가지 단서를 달아야 할 것이다.

첫째, 나는 국내 대학의 모든 정규직 교원들을 뭉뚱그려 '학피아'로 보려 하지 않는다. 그들 중에서도 주류로의 편입을 거부하고 노동운동에 앞장서는 '작지만 큰' 용감한 소수가 있다. 하지만 변혁을 지향하는 소수가 있다 하더라도 하나의 조직체로서 학계·대학가는 대한민국에서 신자유주의 도입의 전위대 노릇을 해왔다. 또 아래에서 자세히 이야기하겠지만, 대학사회만큼 신자유주의 원칙이 철저히 적용되는 곳도 드물다.

둘째, 대한민국 학계라고 해서 꼭 특별한 것은 아니다. 정학(政學)·경학(經學) 유착은 세계적인 현상이다. 우리 식민 모국을 보라. 이미 1969년에 촘스키는 베트남 침략의 원흉으로 아서 슐레진저(Arthur M. Schlesinger Jr., 1917~2007)나 새뮤얼 헌팅턴(Samuel Phillips Huntington, 1927~2008)처럼 '효율적인 제3세계 개입을 위한 조언'

을 아끼지 않았던 어용 '정치학자'들을 지목했다. 1973년에 촘스키가 조사한 바에 따르면 정치외교학 계통 논저의 95% 정도는 미국 재벌기업의 이해관계와 대외 정책의 연관성을 언급하지 않았다. 학자들이 재벌 앞에서 이 정도로 '얌전하게 구는' 데는 당연히 대학가의 이해관계가 있다. 전체 미국 대학이 수령하는 연구비의 약 60%를 재벌이 움직이는 국가가 대주고, 약 6%를 사기업들이 직접 대주고 있다. 많은 대학의 경우 기업의 지원은 거의 결정적이다. '진리 탐구'나 '상아탑의 자율성'은 옛말이 된 지 이미 오래다.

다른 나라라고 해서 본질적 차이는 그다지 없다면서도 한국 학계를 특별한 문제로 삼는 까닭은 무엇인가? 두 가지 이유를 들 수 있다.

첫째, 관피아와 함께 학피아라는 말이 떠오를 정도로 어느 나라보다도 한국 '명문대학'의 전임교원들은 사회귀족으로서의 신분을 과시한다. 미국이라고 해서 폴리페서가 없는 것이 아니고 위에서 언급한 슐레진저와 같은 사람들은 사실 그 정의에 그대로 부합할 것이다. 그러나 대한민국만큼 폴리페서들이 판치는 세상도 참 드물다. 이명박 정권 5년 동안 대통령이 직접 임명하는 공공기관 고급 임원 중 교수와 연구원 출신은 24%나 됐다. '재벌정부'라는 누명을 썼음에도, 사기업 임원 출신은 약 8%에 그쳤다. 박근혜 초기 내각에서는 연구원 출신만 약 28%에 달했다. 즉, 두 극우적인 신자유주의 정권의 공통점이라면 신자유주의적 정책을 바로 '고급 두뇌'들이 추진한다는 것이다. 한국에서 유독 '교수 출신 장관' 따위가 많은 이유는 여러 가지인데, 그중 하나 특기할 만한 이유는 바로 학벌 카스트 제도의 작동 방식이다. 김대중, 노무현, 이명박이라는 세 대통령의 하나의 공통점을 지적하자면, 그들 누구도 감히(?) '서울대 마피아'라고 호칭할 수 있는 학벌조직이 대한민국에서 차지하는 위치를 건드리지 못했다는 것이다. 김대중과 노무현이 각각 임명한 정무직 공무원 중 서울대 출신 비율은 47% 정도였으며, 이명박 시절에는 고려대 출신에 약간 밀린 결과 40%로 깎이긴 했지만 그대로 우세를 유지했다. 특정 대학이 국가 전체를 쥐락펴락하는 상황에서 그 대학 전임교원의 정치·사회적 비중은 과연 어느 정도일까?

둘째, 대학들이 신자유주의적으로 개편되지 않는 나라가 거의 없지만, 그 일부(성균관대·중앙대 등)를 아예 재벌기업이 소유하는 한국만큼 천박한 신자유주의화를 볼 수 있는 곳은 드물다. 예컨대 정부의 정원 감축이나 특성화 사업에 발맞추느라고, 도살하듯이, 교원 및 학생의 의견을 무시해가면서 여러 대학에서 벌어지는 학과 통폐합을 보라. '비인기'라고 해서 독일·프랑스어문학, 사회학이나 철학 등의 학과를 폐품 처리하듯 단숨에 없애버리는 것은 학술적 전통이 있는 대학에서 가능하기나 한 일일까? 아니면 '영어 논문' 광풍이나 '유명 해외 학술지' 광풍을 보라. 내가 있는 오슬로대학도 포함해서 세계 대부분의 대학들이 교원들이 학술 활동을 영어로 하는 것을 유도하고, 교원들의 영미권 유명 학회지 논문 게재를 선호한다. 그만큼 세계적으로 영미권 학계의 패권이 강한 것은 현실이다. 하지만 외국의 유명 학술지에 논문을 실었다고 하여 그 저자로 돼 있는 교수에게 수천만 원의 포상금을 내놓는 대학은 한국 말고는 없을 것이다. 더군다나 국내의 논문 생산 시스템에서 상당수 교수들이 대학원생이나 비정규직들을 무상 착취해가며 논문을 만드는 것까지 생각한다면, 국내 대학들을 기초 상식이 없고 기본 인권도 지킬 줄 모르는 신자유주의적 착취공장으로 봐도 무방할 듯하다.

세월호 학살로 귀결된 대한민국의 신자유주의화를 이끈 것은, 학피아의 한 중심이라고 할 '명문대' 경제학과였다. 거기에는 마르크스주의자는 고사하고 제도주의 학파 등 온건 케인스주의자도 찾아보기 어려울 정도로, 미국에서 학위를 받고 돌아온 시장주의자 일색이다. 시장주의에 대한 날카로운 비판으로 큰 인기를 얻은 장하준 교수는 케임브리지대에 취직할 수 있어도 국내의 '명문대' 경제학과 같으면 취직하기가 매우 힘들었을 것이다. 경제학과 교수들이 역대 정권에 의해서 가장 자주 정무직으로 등용됐으며, 비정규직 양산부터 범죄적인 '규제완화'까지 서민들의 삶의 기반을 뒤흔드는 데 앞장섰다.

경제학과를 점령하다시피 한 시장주의자들의 범죄성이야 노골적이지만, 학피아의 주변부에 속하는 인문학의 문제도 없지 않다. 가장 큰 문제는 고질적인 현실도피다. 예를 들어 여러모로 가장 현재성이 강할 수 있는 역사학을 보자. 최근의 '문화 중시'와 같은 포스트모던 추세로 한참 '뜨고 있는' 식민지 시대 영화 연구로 지난 10년 동안 적어도 50개 이상의 연구 논문이 발표됐다. 그러나 삼성가의 자본 축적 경위나 그 과정에서의 식민지 당국이나 독재정권과의 유착을 본격적으로 다룬 저서 내지 논문은 3~4편밖에 없다. 학계에서, 신자유주의 시대에 어차피 이빨 빠진 호랑이가 된 민족주의는 비판의 대상에 올라도, 한국 대학에 대한 자본 지배의 현실은 거의 다루어지지 않는다. 한마디로 국가와 자본의 명령대로 인문학은 '가만히 있는' 것이다.

세월호에서 수장당한 아이들에게, 시장주의와 순응주의가 당연시되는 세상을 만드는 데 앞장서 온 고등교육기관 교원인 우리가 속죄하자면, 이제라도 학피아의 테두리를 안으로부터 과감히 부숴야 한다. 국가와 자본을 끊임없이 문제시하고 도전하는 학문만이 새로운 학살을 예방하는 데 도움이 되는 신자유주의 시대의 새로운 '실학'이 된다. '가만히 있지 않기'를 실천하고 가르쳐야 우리에게 속죄의 길이 열릴 것이다. 착취공장으로 전락한 대학의 틀 안에서 안주하는 순간 우리도 종범이 된다.

양심이
불가능한
사회

오슬로국립대학교에서 '한국 종교와 철학' 수업을 한 지 벌써 십 년이 훌쩍 지났다. 그 수업을 하면서 가장 어려운 것은, "요즘 한국 철학의 주된 화두를 이야기해달라"와 같은 학생들의 질문이다. 그 들에게 이야기할 수 있는 '한국의 현재적 현실을 화두로 삼는 철학' 은 과연 무엇일까? 한국에는 웬만한 유럽 국가 이상으로 헤겔과 칸 트 전문가들이 많지만, 지난 반세기 동안 한국이 겪어온 권위주의적 '근대화'와 오로지 기업의 이윤 추구만을 위해주는 '기업국가' 형성, 외환위기 이후 사회의 원자화와 개인의 고립, 세계 최악의 자살률 등은 거의 철학의 화두가 되지 못한 듯하다. '씨알 철학'으로 인간을 말살하는 '근대'에 맞선 함석헌이나 학벌사회에서 개인다운 개인의 성립이 불가능하다는 것을 입증한 김상봉과 같은 예외들이 있지만, 우리 철학은 현실과 한참 먼 곳에 있는 것 같은 느낌이다.

그래서 그런지 우리는 보통 한국 사회의 지배세력들이 취하는 정책들의 철학적 함의를 문제 삼지 않는다. 그러나 박근혜 정권의 정책들은 정말 철학자야말로 먼저 나서서 분석해야 할 부분이 있지 않나 싶다. 예컨대 해직자들도 조합원으로 인정하는 규약을 바꾸지 않으려는 전교조를 '법외노조'로 격하시킨 노조탄압책을 보자. 해고자를 당연히 조합원으로 인정해야 한다는 국제노동기구의 권고를 무시하면서까지 정부가 전교조에 요구한 것은, 다른 말로 바꾸면 '동료를 배신하라'는 것이었다. 시국선언에 본인의 양심이 명하는 대로 서명했거나 학생 인권을 지키다가 교단에서 쫓겨난 사람들을 버리면 실리를 놓고 교섭할 수 있게 해준다, 곧 명분을 버리면 이득을 안겨주겠다는 어법이었다. 양심에 따라 행동했다가 곤란에 처하게 된 동료를 버린다는 것은 바로 본인의 양심을 포기하는 것을 의미한다. 그러니까 정부가 학생들에게 양심을 가르쳐야 할 교사들에게 원한 것은 바로 스스로가 양심을 포기했다는 선언이었다.

박근혜 개인의 전교조에 대한 인식은 2015년 겨울 사학법 개정 반대 집회에서 그가 내뱉은 말에서 그대로 드러난다. "한 마리 해충이 온 산을 붉게 물들일 수 있고 전국적으로 퍼져나갈 수 있다." 곧 사학법이 개정되면 "노무현 정권과 전교조가 사학들을 접수해나갈

것이다." 이것이었다. '제거 대상'이 될 반대자를 '해충'에 빗대는 것
은 유대인들을 '해충'이라고 불렀던 파시스트들에게 배웠겠지만, 누
가 봐도 그의 '전교조 공포증'(?)은 과장되기 짝이 없다. 전교조의 전
국 평균 가입률은 20% 정도이며, 보수적인 교총에 비해 인적 규모
는 약 3분의 1밖에 안 된다. 참고로 다른 나라들과 비교하자면, 전
교조와 흡사한 진보적 성격의 일본교직원조합의 전국 가입률은 약
28%이며, 미국 같은 경우에는 교육 부문 전체에서 조합 가입률이
35%다. 박근혜 정부가 '복지'를 들먹이지만, 복지의 모범국인 스웨
덴은 교사사회의 노조 가입률이 80%를 넘는다. 전교조는 "사학들
을 접수할" 정도의 힘을 보유하지 못한 것은 물론이고, 실제로는 다
른 나라들의 교원조합에 비해 힘이 약하다. 대통령 선거 당시 박근
혜 후보가 문재인 후보를 향해서 "이념 교육으로 학교 현장을 혼란
에 빠뜨리는 전교조"와 "유대관계"가 있다고 추궁했지만, 내가 만난
전교조 교사들의 이념 지형은 박근혜 추종세력에 비해 훨씬 다양했
다. 소수는 사회민주주의적 지향을 보였지만, 다수는 진보적 자유주
의를 추구하는 이미지를 내비치곤 했다. 이와 같은 사람들에 대해서
박근혜가 광적인 증오심을 감추지 못하는 이유는 도대체 무엇인가?
　이는 바로 위에서 언급한 '양심'의 문제다. 조합의 힘이나 조합원
각자의 이념적 지향과 무관하게, 한국 교직사회에서 전교조는 '양
심'을 대표한다. 전교조 선생님들은 한국적 교육 체제의 특징인 고
질적인 사학 비리에 맞서왔고, 또 촌지와 같은 악질적 관행의 근절

에 가장 적극적이었다. 그들 중 상당수는 체벌과 같은, 병영화된 학교에서 만연한 억압과 하급자에 대한 인격 말살에 저항해오거나 비판적이었다. 또 그들은 수업하면서 교과서에서 나온 이야기에다 감히(?) 자신의 의견까지 표현하려 한다. 한마디로, 그들은 개체가 필요할 때에 전체에 맞설 수 있고, 맞서는 과정에서 다른 개체들과 연대할 수 있고, 또 행동이나 생각의 차원에서 늘 전체로부터 독립적일 수 있다는 것을 언행을 통해서 보여온 것이다. 바로 그러기에 (그들의 '이념'이 온건 자유주의에 지나지 않는다 하더라도) 그들은 체제의 차원에서 위험천만한 조직이다. 이 체제가 특성상 병리적인 전체(즉, 힘과 돈에 대한 숭배)와 다른 어떤 개체의 움직임이나 생각도 용인할 여지가 없기 때문이다. 이 체제와 개인의 양심은 사실상 양립이 거의 불가능할 정도다.

한국에서 약간이라도 '출세'하려면 어디까지 '양심'을 포기해야 하는지를 잘 보여주는 것이 2013년 심상정 의원이 공개한 '2012년 S그룹 노사 전략' 문건이다. 삼성의 임원세미나 자료로 판단되는 이 문건에서 임원들에게 급선무로 거론되는 것이 바로 "문제 인력 밀착 관리 강화 및 감축"이다. '문제 인력'은 과연 누구인가? 삼성어(語)에서 일반적인 한국어로 번역하자면 이들은 '친사'(어용) 노조가 아닌 진짜 노조를 설립하려는, 헌법이 보장하는 자신들의 당연한 권리를 주장하려는 이들이다. 이들에게 회사의 충견이 해야 할 일은? 일차적으로는 수시로 감시하면서 "유사시 징계할 수 있도록 준비"하는 것이다. 이외에는 물론 "비노조 교육", 즉 노동자들에게 어떤 자율적 조직이나 권리 주장이 불필요하다는 전체주의적 세뇌 등도 회사 '마름'들의 몫일 것이다. 헌법이나 노동 관련 법률로 보든 단순한 인간 상식으로 보든 이와 같은 행동은 파렴치한 범죄에 해당된다는 것을 뻔히 알면서 이와 같은 명령을 충실히 실행하려는 '인력'들은 도대체 어떤 인격 교육을 받았으며, 또한 자연스럽게 일어날 양심의 가책을 어떤 방식으로 원천 봉쇄시키는가? 그들에게 보편적 가치에 의거한 개개인의 자율적 판단으로서의 '양심'이란 존재하는가? 일제 말기 '순량한 황민'들과 유형적으로 다를 게 없는 이와 같은 인간을 대량생산하는 데 '방해 요소'를 제거하자는 게 전교조 탄압의 진정한 이유는 아니었을까?

인간 '양심'의 감성적 기반은 무엇인가? 이는 바로 타자 고통에 대한 즉흥적인, 거의 무의식에 가까운 동감 같은 것이다. 삼성과 같은 이 사회의 실질적인 지배자들의 입장에서는, "양심이라는 허상"(히틀러)을 뒷받침하는 이와 같은 감성을 둔화시키는 것이 급선무일 것이다. 그러기에 '2012년 S그룹 노사 전략' 문건은 잔혹성과 냉소의 전형을 보여준다. 그 문건의 텍스트에는 수십 명의 노동자의 생명을 앗아가고, 앞으로 또 수십, 수백 명의 희생자를 낼지도 모를 삼성전자 백혈병 사망 사고 문제는 단지 '이슈화'가 되어서 '회사 이미지 관리'에 어려움을 줄 수 있는 '악재' 정도로 다루어진다. 이미 죽었거나 죽어가고 있는 사람들의 고통에 대한 동감은 물론이고 관심조차 보이지 않는다. 결국 전교조가 자리를 비운 학교에서, 이런 문건을 읽어도 전혀 이상하게 생각하지 않을, 자신의 '성공'과 돈만을 의식하는 냉혈한을 키우려는 게 아닐까?

전교조를 그토록 증오하는 한국의 지배자들이 가장 선호하는 용어 중 하나이며, '2012년 S그룹 노사 전략' 문건에도 계속 나오는 용어는 바로 '조직'이다. '조직생활', '조직문화', '조직의 요구'…. 철학적으로 본다면 그들이 이야기하는 '조직'은 바로 개개인의 몰(沒)개체화를 의미하며, '양심'의 반대편에 선다. '양심'이 개인 각자의 보편적 가치에 의거한 자율적 판단을 의미하는가 하면 '조직'은 '전체'를 가장한 자본이나 국가의 특수이익, 그 이익에 수지계산을 맞춘 각자의 '실익'에 의거한 명령이나 강압적 분위기에 대한 복종을 의미한다. 과연 우리는 전체주의적 색깔이 농후한 '조직'만 있고 '양심'은 거의 불가능한 사회에서 살고 싶은 것인가?

'비정상'의
'정상'화

대개 매체들이 우리에게 전하는 것은 사건·사고, 스캔들 등 '비정 상적인 것'에 대한 정보다. 일상 그 자체는 자본주의적 사회에서 보통 뉴스로서 상품 가치가 없다. 예컨대 산업화된 세계에서 가장 빈번한 산재 사망 사고의 나라인 한국에서 하루에 평균적으로 5~6명의 노동자가 직장에서 사고사를 당하는 것은 그다지 뉴스로서 가치가 높지 않다. 공사장의 추락·사망 사고 같은 것은 보도된다 해도 보통 짧은 단신 보도일 뿐이다. 직장에서의 사고사는 이곳에서는 '정상'이다. 그러나 한꺼번에 304명이 사망, 실종되면 이는 언론에서 '참사'로 명칭돼 집단의식 속에서 잊을 수 없는 영구적 트라우마가 된다. 있을 수 없는, '비정상'의 극치를 달리는 일인 만큼 이것이 당연한 일이기도 하지만, 여기에서 간과되면 안 되는 점은 이 '비정상'이 우리 일상 속의 '정상'의 연장선상에 있었다는 사실이다. 자본이 이윤 극대화 차원에서 매일 노동자들을 희생시키고 국가가 이를 거의 수수방관하는 사회라면, 이와 같은 자본과 국가가 왜 수백 명의 서민 지역 출신 아이들을 희생시키지 못하겠는가? 반인륜적 '정상성'이 사회적인 대량 타살, 즉 학살의 '비정상성'으로 자연스럽게 이어진다. 반복되는 이런 이어짐은 바로 우리 삶의 일상이다.

'조현아 땅콩 회항'도 바로 이와 같은 현상의 일부분이다. "무릎 꿇어라" 하고 부하에게 고함지르는 것은 대한민국 학교나 군대에서 그저 '정상', 거의 '상사/상관의 고유한 권리'처럼 인식돼 왔다. 무릎 꿇린 뒤에 큰 폭행이 일어나지 않는 이상 매체 보도도 될 리가 없다. 기업도 크게 봐서 마찬가지다. 무릎 꿇린 뒤에 큰 폭행이 이어진다 해도 보통 별다른 문제가 일어나지 않는다. 몇 년 전 SK그룹 창업주의 조카인 최철원(M&M 회장)이 부당해고에 항의하며 '감히'(?) 일인시위를 벌이던 훨씬 연상의 운전기사를 야구방망이로 마구 때려 전치 2주의 부상을 입힌 일이 있는데, 어떤 처벌을 받았는가? 징역 1년 6개월에 집행유예 3년, 봉사시간 120시간이었다. 재벌 2세는 노동자를 무릎 꿇려 마구 패도 실형 살 일은 당연히(?) 없다. 그리고 폭행이 보도되는 당시에 사회적 논란이 잠깐 일어나긴 해도, 몇 달 후면 해당 재벌의 이미지에 별다른 손상이 가지 않은 채 사건은 조용히 망각된다. 윗분이 아랫것을 무릎 꿇려 패는 것은 '당연하고 정상적'인 일이기 때문이다. 조현아 전 부사장은 그저 때와 장소를 잘못 골랐을 뿐이다. 외국에서 회항까지 시켜 이 일이 '비정상'으로 처리돼 국내외 언론의 보도 대상에 올랐지만, 그 자리에서가 아니라 나중에 한국에 돌아가 자기 사무실에서 관례대로 '혼내는' 절차를 진행했다면 과연 세상이 알기라도 했을까? 조직생활 하면서 이런 종류의 일을 당하지 않은 사람이 우리 대한민국에 얼마나 있을까?

그러면 이제 의문을 가라앉히고 한번 분석해보자. 한국 사회의 '주인님'들에게 '아랫것'의 자존감을 일상적으로 깡그리 무너뜨려 부숴버리는 것은 왜 그렇게도 중요할까? 왜 (심각한 폭행 등의 '비정상'으로 치달을 경우) 사회적 지탄의 위험까지도 무릅쓰고 이렇게도 열심히들 면박 주고 폭언을 퍼붓고 무릎 꿇리고 때리는가? 물론 개개인의 심리를 따져보면 아동기의 애정결핍증부터 시작해서 이런저런 병리의 원인들이 있지만, 아랫것의 자존감을 깡그리 짓밟는 것은 한국에서 단순히 가해자 개개인의 '심리적 문제'만은 아니다. 한국 지배계급의 일종의 아비투스, 즉 관습의 차원이다. 그리고 개개인이 아랫것을 열심히 모욕하면서는 이를 꼭 의식하지 않을 수도 있지만, 지배계급의 이해관계 차원에서 보면 이와 같은 아비투스가 꼭 그렇게까지 비합리적인 것도 아니다. 어떻게 보면 이 아비투스는 한국 지배계급의 하나의 '전략'이라고 표현할 수 있을지도 모른다. 그 전략을 이해하기 위해서 일단 자존감 내지 인간의 존엄이라는 것이 무엇인지 한번 풀어보자.

근대 철학에서 '인간의 존엄'을 본격적으로 다룬 것은 칸트가 최초였다. 칸트가 본 인간의 존엄은, 인간이 그 자체로서 (도구가 아닌) 목적임을 뜻했다. 인간에게 존엄이 있자면 인간이 사회에 의해서 어떤 다른 목적을 위한 도구로 이용당하면 안 된다는 것이다. 칸트 자신은 체제 부정의 길로 가려는 반골은 아니었지만, 자본주의적 상황에서 이와 같은 인간 존엄의 정의는 가히 전복적이라 하겠다. 자본주의 체제하에서는 '그 자체로서 목적'인 인간이 존재할 리가 없기 때문이다. 자본주의적 인간은 잉여가치 수탈의 장본인이 되지 못하는 이상 대개는 잉여가치의 직접 생산자, 즉 '인력'에 불과하다. 잉여가치 수탈의 극대화, 즉 '수익성 제고'를 위해서라면 '인력'을 위험천만의 작업환경에 노출시켜도 되고 과로사하게끔 혹사해도 된다. 왜냐하면 이에 따르는 처벌은 어차피 수익성을 크게 훼손하지 않을 정도로 미미하기 때문이다. 신자유주의가 가장 극단적으로 실행되는 대한민국에서는 '인력'이 '그 자체로서 목적이 된다'는 것은 성립하지 않는 말이다. 즉, 한국형 자본주의와 인간 존엄성은 양립이 거의 불가능하다.

칸트가 발명한 것은 존엄성이 있는 자율적 개인이다. 자율성이란 자기 자신에게도 외부 세계에도 늘 똑같은 보편적인 도덕적 기준을 적용하고 가급적 이 기준, 즉 본인 양심에 따라서 행동한다는 것이다. 대한민국에서 이와 같은 방식으로 산다는 것은 아예 체제 부정의 길이 아닐 수 없다. 예를 들어 한반도 정치의 차원에서 나의 개인적 양심상 미국의 패권과 계속 맞서고 있는 북한이 내가 생각하는 '반(反)패권'의 보편적 원칙에 더 가깝다고 판단하고 이에 따라 행동하기 시작하는 순간, 나는 바로 남한의 국사범이 되고 만다. 굳이 '우리 모두의 적대적 타자'인 북한을 남과 다르게 생각하지 않아도, 내가 남북한 지배자 사이의 갈등에 나의 양심상 동원될 수 없다고 판단하고 나 개인의 '중립'을 선언하고 이에 따라 남한 군대의 징병 명령을 거부하는 순간 이미 범죄자, 평생의 전과자, 죽을 때까지 2등 시민이 된다. 정치적 문제는 아니더라도 나의 양심대로, 존엄 있게 행동한다는 것은 대한민국에서 늘 사회를 향한 도전에 가깝다. 예를 들어 생활수준을 고려할 때 세계에서 가장 비싼 축에 속하는 등록금을 학생들로부터 갈취하고, 동시에 사회적 차별의 도구로 전락한 대학에 진학하지 않겠다, 대신 스스로 공부하겠다고 선언하는 '양심적 대입 거부자'라면 고졸을 인간 이하로 취급하는 이 학력주의 사회에서 어느 정도의 고통을 감수해야 할 것인가? 군부대와 착취공장을 그 기본 모델로 하는 사회에서는 개인적 양심도 자율성도 존엄성도 폭발물과 같은, 불순한 개념이 아닐 수 없다. 어린 시절부터 사회화 과정에서 각종 모욕과 모멸감을 줘가면서 인간적 존엄성을 서서히 박탈하는 구조는 바로 이런 이유 때문이지 않을까? 그렇게 순치되어 병영형 착취공장에서 평생 열심히 일할 노동자가 만들어지는 게 아닌가?

피훈육자나 부하를 머슴처럼 대하는 현대판 마름이나 악질 지주들의 못된 버릇 그 자체는 내겐 그리 예상 밖의 것도 아니다. 나는 준주변부형 신자유주의 사회의 관리자들에게 그 이상을 기대하지 않는다. 우리가 투쟁으로 우리 존엄성을 쟁취하지 않는 이상 저들의 버릇은 절로 고쳐지지 않을 것이다. 가장 한심한 것은, 현대판 양민이라고 할 한국의 소비 대중들이 현대판 천민인 저임금·하급·서비스직 (대부분은 비정규직이자 여성인) 노동자들에게 관리자들과 같은 갑질을 해댄다는 것이다. 말하자면 상사에게 인간 이하의 대접을 당한 직장인이 마트에 가서 더 약한 노동자에게 같은 방식으로 원풀이를 하는 셈이다. '조현아 땅콩 회항'과 함께 한국적 갑질의 상징으로 뽑힐 만한 명장면은, 영화 〈카트〉에서 마트의 비정규직 노동자가 진상 고객에게 용서를 빌어야 하는 장면일 것이다. 사회화 과정에서 자신의 존엄성을 고민할 기회 자체를 박탈당한 소비 대중들은 억압의 피해자인 동시에 가해자가 된다. 그들이 조현아의 모습에서 자신의 얼굴을 비추는 거울을 발견하기를, 진심으로 빌 뿐이다.

'능력'이라는
이름의
허구

이색 사회로 가면 우리는 늘 그 이데올로기적 표현에 놀라곤 한다. 왜 북한에 가면 무조건 김일성·김정일 부자의 동상에 머리 굽혀 인사해야 하는가? 왜 이란에 가면 여성이 머리를 덮어야 하는가? 왜 러시아에서는 소·독전쟁의 승리일(5월 9일)이 최고의 명절로 인식되며 소·독전쟁의 소련 군대에 대한 과도한 비판적 발언은 형사처분 대상이 될 수 있는가? 남들의 이데올로기적 표현이 우리 의식과 심하게 다를 경우, 늘 비합리적으로 보일 뿐이다. 이슬람 사회라고 해서 왜 여자는 머리를 덮어야 하는가?

맞는 질문이다. 사회의 내부 결속 및 지배구조 안정화를 지향하는 이데올로기라는 것은 늘 억압성을 띠고 있으며 외부자 입장에서 꼭 합리적으로 보일 리도 없다. 문제는, 내부자들에게는 그들의 이데올로기가 당연한 '상식'으로 보인다는 점이다. 북한 사람의 입장에서 민족이라는 대가족을 위해 싸운 김일성이나 민족을 지켜왔다는 그 후계자들에게 존경심을 느끼는 것은 자신의 부모를 사랑하는 것이나 마찬가지다. 우리에겐 이상하게 들릴지 몰라도, 실은 이런 정서는 예배를 드리는 기독교인의 심정이나 조상의 묘 앞에 제사상을 벌이고 제사를 드리는 효자·효녀의 마음가짐과 크게 다르지 않다. 과연 무신론자나 유교문화권 바깥에서 온 사람에게는 기독교 예배나 제사의례가 북한의 국가의례와 그렇게까지 다르게 보일까? 이데올로기도 문화의 전반도 사실 상대적일 뿐이지만, 특정한 삶의 패턴이나 사고방식에 익숙해진 내부자의 눈에는 그런 상대성이 들어올 리만무하다.

한국인들은 집에 불이 나도 아이보다 현대판 신주인 지도자의 사진을 먼저 건지게끔 하는 북한 이데올로기가 잔혹하다고 평하곤 한다. 꼭 틀린 말도 아니다. 한데 과연 대한민국의 통상적 이데올로기는 덜 잔혹한가? 예를 들어 학교에서 우반, 열반으로 편성해 대개는 어려운 집안 환경에 문화자본이 부족한 아이들의 자존심을 어릴 때부터 짓밟으면서 미래의 승자들을 따로 키우는 것은, 외부자의 시선으로 볼 때 무엇에 해당하는가? 맞다. 교육 파행이며 반교육적인 심적 아동학대다. 그렇다면 북한인들이 지도자 사진을 극진히 모시는 것을 당연시하듯 우리가 이런 잔혹 행위를 당연시하는 이유는? '능력·능률'이라는 이름의 우리들의 체질화된 이데올로기 때문이다.

'능력·능률' 이데올로기를 관통하는 심성적 코드는 크게 봐서는 세 가지다. 첫째, 타자들과의 부단한 비교를 통해 자율적 자아 발전의 가능성을 원천 봉쇄하는 것이다. 역설적으로 들리지만 '능력·능률' 근본주의 사회에 순응하면 할수록 진정한 의미의 능력인 창조력은 죽어간다. 둘째, 무한 경쟁인 만큼 무한공포를 느끼면서 산다는 것이다. '무능력자'로 지목돼 낙오될까 봐 유아기부터 눈칫밥 먹으면서 내심 부들부들 떠는 것은 능력주의 사회의 일상이다. 셋째, 외부 권력자가 하급자에게 심어준 열등감의 내면화, 즉 권력이 지정한 '나'의 위치에 대한 수치심이 섞인 순응이다. 투쟁하는 비정규직들의 소식이 매체에 자주 나오기는 하지만, 사실 대다수의 비정규직들이 투쟁 대신에 비정규직으로 전락한 자신의 '무능'을 자탄하면서 지내야 하는 것이 맹목적 능력주의 사회의 현주소다.

첫 번째 코드인 대타적 비교를 통한 우열 정하기는, 능력주의 사회에서 개개인이 매일 행하는 자신만의 의례다. 전통사회에서는 첫 대면에 세습적 신분과 나이 등을 확인하고 그 결과에 따라서 상대방에 대한 태도를 정했지만, 현대 한국 사회에서는 세습적 신분 대신 상대방의 '능력'부터 궁금해 한다. 어릴 때부터 서로 부모의 아파트 평수로 표현되는 '경제 능력' 먼저 확인하고 친구로 사귈 것인지 결정하는 게 오늘날 우리 실정이다. 대학생들은 서로의 스펙을 비교하기도 하고, 예컨대 편입생이라든지 지방 캠퍼스 학생 등 '능력이 모자른다'고 판단되는 상대를 노골적으로 따돌린다. 반대로 화려한 스펙의 소유자 앞에서는 그를 '벤치마킹'하여 따르고 싶은 열망을 키운다. 고학력 직장인들은 한국 사회의 주된 문화자본인 '영어 실력'이 비교 대상자들에 견줘 떨어지지는 않는지 늘 초조해한다. 일부 경제학자들은 늘 대타적 비교와 내면적 우열 가리기로 보내는 하루하루가 결국 "인력 자원 자질 향상"에 기여한다고, 이 현상을 "경제에 좋은 영향을 미친다"고 호평한다. 하지만 사람이 '경제에 좋은 영향을 미치기 위해서' 태어나 살고 죽어야 한다는 것부터, 잉여가치의 수탈을 목적으로 하는 자본주의라는 제도의 고유한 이데올로기에 불과하다. '나'는 '나'의 자아를 늘 남들에게 맞추고, 남이 하는 것을 남 이상으로 잘함으로써 남들의 칭찬을 들으려고 발버둥치고, '나만의 길'을 생각할 여유라고는 갖지 못하는 사회에서 문학이나 예술은 어떤 처지에 있을까? 오늘날 한국 사회라면 김수영이나 김남주와 같은 반(反)주류의 괴짜 시인들이 과연 숨이라도 쉴 수 있을까? 인간이 상대평가에서 높은 점수를 받기 위해 태어난다면, 나는 차라리 인간으로 살고 싶지 않을 것이다.

그 다음 코드, 부단한 비교에 부단한 낙오의 공포가 따른다. 문제는 항시적인 공포감이라는 게 개인의 정신건강에 치명적 악영향을 끼칠 수 있다는 점이다. 신자유주의 시대에 불안과 공포만큼의 보편적 심성도 없지만, 이 부문에서는 대한민국이 독보적 세계 1위다. 국내의 직장인 직무 스트레스 피해 비율은 87%로, '경제동물' 운운하는 일본(72%)에 견줘 훨씬 심각한 수준이다. 불안이 늘어나는 만큼 신자유주의 대한민국에서 계속 증폭되는 게 우울증 유병률이다. 지난 10년 동안 60%나 늘어 이제는 여성 인구의 9% 이상이 평생 한 차례 이상 우울증에 걸리는 것으로 돼 있다. 우울증에 가장 노출돼 있는 세대는 취직 불안이 심각한 20대와 노후 불안에 편히 잠자기 어려운 50대다. 또 문제는 우울증에 걸리더라도 대다수의 환자들이 병원에 가지 않는다는 사실이다. 정신과에 가면 '미친 사람', 즉 '무능력자'로 취급받아 낙오될까 봐 혼자 투병해야 하는 사회가 과연 건강한 사회인가?

세 번째 코드는 대타적 비교에서 늘 자신에게 '나쁜 점수'를 준 사람은 결국 '모든 게 내 무능력 탓이오'로 일관하며 자신에 대한 배제와 억압과 착취에 맞서지 못한다는 것이다. 물론 개개인의 저항 능력을 떨어뜨리는 것은 능력주의 이데올로기의 주된 기능이기도 하다. "무한 경쟁 시대"를 떠들면서 "개인의 경쟁력 갖추라"고 설교하는 어용 '지식인'들은 바로 이와 같은 효과를 노리는 것이다. 문제는 항의해야 할 때에 제대로 항의하지 못하는 사람의 궁극적 탈출구가 바로 자살이라는 점이다. '무능력자 도태'를 외치는 이데올로기의 궁극은, 바로 '무능력자'로 지목된 개개인 각자가 알아서 본인의 생명을 거둔다는 것이다. 저성장이긴 하지만 그래도 아직 남유럽 수준의 경제 파탄에는 이르지 않은 한국의 자살률이 이미 세계 최악의 경제 참사를 기록하고 있는 그리스의 자살률보다 10배나 높은 이유는 과연 무엇인가? 그리스인은 거의 굶는 처지가 돼도 참상의 원인이 잘못된 경제·사회 구조에 있음을 알고 언제든지 남들과 함께 투쟁대오에 참여할 자신을 갖는다. 이와 달리 "내 능력이 부족해서…"라는 한탄으로 세월을 보내야 하는 곳에서는 자살만이 마지막으로 택할 수 있는 저항 아닌 저항의 형태가 된다.

모든 지배 이데올로기들처럼 능력주의는 사실상 그저 허구에 불과하다. 대다수가 스트레스, 열등감, 자책을 안고 불안 속에서 떨어야 하는 사회는 단기 수익은 더 올릴지 몰라도 장기적으로는 침몰로 간다. 인간의 진정한 능력은 남들과의 경쟁적 비교가 아닌 남들과의 연대, 세상의 눈치를 보지 않는 독창성으로부터 비롯된다. '성적순'으로 재단되는 '실력'의 저주에서 벗어나 남들과 연대하면서 자기만의 길로 나아가는 것만이 인간이 살길이다!

이민만이
'헬'탈출구로 보이는
이유

2016년은 노르웨이에서 맞이하는 열여섯 번째 해다. 그동안 한 가지 변함없는 게 있다. 16년 동안 많게는 일주일에 몇 건, 적게는 한 달에 몇 건씩 "북유럽으로 어떻게 이민 갈 수 없을까요"와 같은 문의가 한국으로부터 변함없이 오고 있다는 점이다. 이민 문제와 하등의 관계도 없는 일개 교원 노동자인 나에게 그런 문의가 오는 것은, 그만큼 국내에 북유럽과의 연결고리가 적고 관련 전문가들이 적기 때문이 아닌가 싶다. 요즘 들어 그런 문의들이 부쩍 는 것도 눈에 띄는 현상이다. 수출과 부동산 시장 피라미드에 의존하는 국내 경제가 이제 큰 위기 직전의 상황에 처하여 많은 이들로 하여금 '탈남'

(?)을 고민하게 만든 게 아닌가 생각된다. 전자우편으로 오는 문의 뿐만 아니라 국내 청년, 학생들과 대화를 나눌 때마다 늘 후렴처럼 "유럽 같은 데에 이민 가서 살고 싶다"는 말이 들리곤 한다. 청년들의 이 '탈남 러시'(?)를 과연 어떻게 이해해야 할까?

북유럽 이민과 직업적 관계는 없지만, '이민' 문제 그 자체는 '나의 문제'이다. 나 스스로가 일종의 이중 이민자이기 때문이다. 처음에는 소련의 폐허로부터 남한으로 갔고, 그다음에는 남한의 한 사립 대학에서 3년 동안 비정규직으로 일한 뒤에 노르웨이로 취업 이민을 갔기 때문이다. 나의 경우 이민 동기를 설명하는 것은 아주 간단하다. 첫 번째 이민은 그냥 배고파서였다. 1990년대 중반의 모스크바에서는, 특히 월세 내서 주택을 임대해야 했던 나 같은 경우에는 대학 한 군데에서 계약전임강사로 한국어를 가르치면서 동시에 다른 대학 세 군데에 시간강사로 출강해도 도저히 입에 풀칠할 수가 없었다. 그 때문에 그나마 비정규직(정확하게는 3년 계약의 강의전임강사) 임금으로 한 달 한 달 먹고살 수 있었던 서울로 간 것이다. 두 번째 이민은 계약 기간이 만료돼 간 것이기도 했지만, 이외에도 기본적으로 외부자로서 한국 학계의 구성원이 될 수 없다는 점을 실감한 게 큰 동기였다. 같은 '태생적 한국인'인데도 일부 전공에서는 특정 대학의 특정 학과를 나오지 못하면 평생 '서얼'로 살아야 하는 형편인데, 빈국 출신의 외부자에게 국내 학계로의 편입이 과연 쉬울 수 있겠는가? 그런데, 나에게 "죽어도 이민 가고 싶다"는 의향을 밝힌 한국 청년들은 대다수가 호구지책에 실패해서 그런 것은 아니었다. 고졸도 있었지만, 상당수는 '명문대' 출신이었으며 소수지만 그들 중에는 이미 정규직에 취직한 행운아들도 있었다. 차별에 노출될 수 있는 아시아계 외부자로 낯선 북유럽에 가서 평생 동안 거기에서 사회 편입 문제와 씨름할 각오를 하면서까지, 경제대국 대한민국의 젊고 똑똑한 인재들이 이민열을 불태우는 이유는 과연 무엇인가?

물론 일차적으로는 많은 젊은이들이 자본주의 세계 속의 노동자로서 당연하게도 자신들의 노동을 좀더 유리한 조건으로 팔고자 하는 것에 이민 동기가 있을 것이다. 국내 보수 언론들이 이구동성으로 '고비용 저효율'을 탓하지만, 통계적으로 봐서 한국은 고임금 사회가 전혀 아니다. 근로자 평균 연봉(약 3000만 원)은 일본의 약 80%, 독일이나 프랑스의 60%, 미국이나 캐나다의 50% 정도에 불과하다. 거기에다 고학력자들의 취직 경쟁은 더 치열할 때가 많고 노동시간은 훨씬 길고 노동강도도 훨씬 세다. 노후연금이나 무상의료·무상교육 서비스로 제공되는 사회적 임금은 질적으로든 양적으로든 북유럽의 그것과 비교 자체가 불가능하다. 쉽게 이야기하면, '사회귀족'으로 분류되는 극소수 직군·직종('명문대'의 전임교수, 의사, 고급 공무원이나 재벌 임원 등)을 빼고는 '보다 나은 사회'로 갈 수 있는 노동자가 한국에서 일한다는 것은 '손해'일 뿐이다. 자본가에게 훨씬 더 많은 시간·에너지를 빼앗기면서도 급여는 훨씬 덜 받기 때문이다. '헬조선'의 다른 이름은 '기업천국 노동지옥'인 만큼, 아직 '탈출'

할 가능성이라도 그나마 있는 젊은 노동자 내지 노동자 후보생이 그런 지옥을 벗어나고 싶은 것은 당연한 일이 아니겠는가? 하지만 여전히 의문은 남는다. 특히 주거 비용과 육아 비용까지 고려한다면 한국은 대부분의 구성원에게 박봉의 나라이지만, 과연 임금만을 이유로 소외와 차별에 노출될 수 있는 낯선 지역으로 가서 남은 평생을 살 결심이 서겠는가? 1950~1970년대와 달리 국내 노동자 임금은 기아임금도 아닌데 말이다.

그러나 이민 가겠다는 젊은이들과 심층적 대화를 나누다 보면, 그들에게 북유럽이나 구미 지역의 상대적 고임금과 고복지만이 이민 욕구를 불러일으킨 것은 아니라는 점을 쉽게 알 수 있다. 그들이 일러주는 이민 지망 동기는 크게 두 가지로 범주화할 수 있다.

첫째, '민주화의 실패'라고 할 수 있는 거대한 문제덩어리다. 물론 나와 이야기 나눈 젊은이들은, 한국에서 아직도 일부분의 자유민주주의적 제도들이 잔존한다는 것 자체를 부정하지는 않았다. 비록 현재 대통령과 집권 관료층은 열심히 파괴시키고 있지만, 아직도 제한적으로나마 반대의 목소리를 내고 정치·시민 단체에서 현 집권자들과 합법적 투쟁을 벌일 수 있다. 한데 이런 가능성들도 가면 갈수록 줄어드는데다 정치 아닌 사회가 전혀 민주화되지 못하고 오히려 요즘 들어 더욱더 재권위주의화돼간다는 것이 젊은이들을 가장 아프게 한다. '땅콩 회항' 사건이 화제가 되었지만, 사실 그 사건이 외국 공항에서, 복수의 목격자 앞에서 일어났기에 그나마 알려지고 사법 처리로 이어진 거지, 그런 식의 '사내 갑질'은 한국 기업에서는 상습적이며 줄기는커녕 오히려 잦아지는 인상을 준다. 회사 안에서의 상사-부하 관계나 마트 등 서비스 업소에서의 고객-감정 노동자 사이의 관계는, 민주화·평등화되기는커녕 오히려 더욱더 서열화·폭력화된다. 공개적으로 유신 시절을 향수하는 박근혜 세력들의 국정 장악이 한국 정치 퇴보·재권위주의화의 상징이 됐지만, 똑같은 퇴보는 사회 곳곳에서도 계속 진행된다. 국내에서 사는 것을 '팔자'로 받아들이곤 했던 과거 세대 같은 경우에는, 권위주의적 사회관계 속의 강자·상사의 폭언이나 폭력을 '처자식 생각' 하면서 꾹꾹 참곤 했다. 한데 해외연수가 보편화되고, 한때 소수의 전유물이었던 외국어 구사력도 일반화된 덕에 젊은 세대는 민주·평등과 반대 방향으로 가고 있는 국내의 '헬'에서의 삶을 더이상 숙명적으로 받아들이려 하지 않는다. 옛날에 여성들이 무조건 '인내해야 한다'고 스스로에게 주술 걸었던 가정 폭력이 이제 이혼 사유가 되고 이혼율 급증의 이유가 되는 것과 일맥상통의 논리인데, 개인의 존엄성과 정신건강을 지키려고 외국에 눈을 돌리는 청년들에게 과연 돌을 던질 수 있겠는가?

둘째, 박근혜 정권이 벌이고 있는 '노동과의 전쟁'을, 젊은 노동자나 미래의 노동자가 될 청년들이 국내를 탈출해서라도 피하려 한다는 것이다. 신자유주의는 어디에서나 노동자에게 잔혹하지만 박근혜 시대의 한국만큼 노동자를 구조적으로 쥐어짜고 조직적으로 무력화시키는 사회는 세계 어디에서도 찾아보기 힘들다. 예컨대 사용자가 직장 내 공포 분위기 조성에 이용해 먹을 것이 불 보듯 뻔한 고용노동부의 '저성과자 해고 지침' 같은 문서를 노르웨이 노동자들이 읽는다면 19세기 말 착취공장의 이야기로 오인할지도 모른다. 한상균이라는 전국 노동자 조직의 대표자를 수천 명의 경찰을 동원해서 구속하는 국가를, 과연 한국 이외에서 쉽게 찾아볼 수 있는가? 이런 곳에서 노동자로 산다는 게 천벌이라는 생각을 안 하기가 힘들 것이다.

'헬조선'을 떠나고 싶은 마음을 십분 이해한다. 하지만 모두가 떠날 수 있는 것도 아니고, 떠난다 해도 정도의 차이는 있지만 자본주의 세계의 일반적 문제인 착취나 소외, 차별 등을 완전히 피할 수 있는 것도 아니다. 결국 '노동자'로서의 자각을 가지고, 국내에서도 노동자가 인간답게 살 수 있는 세상을 만들기 위해 함께 투쟁하는 게 그래도 더 나은 방법이 아닌가 싶다.

2부

그들이
원하는
세상

'종북 사냥'의
속셈은?

2013년 8월 26일 아침, 희귀한 체험을 했다. 일어나서 컴퓨터를 켜고 〈한겨레〉 누리집에 들어가자마자 먼저 눈에 띈 것은 '내란음모'라는 큼직한 글자였다. 내란음모…. 나는 이 말을 보는 순간 심장이 덜컹했다. 나에게 '내란음모'는 한국사 교과서에서 가장 비극적인 꼭지들의 이름이다. 1980년 김대중 내란음모 재판이라는 조작극의 결과로 사형에 처해진 김대중은 다행히 생명을 부지했지만, 말로 묘사하기 어려운 고문을 당해 거짓 진술을 강요당한 많은 사람들의 고통을 생각하다 보면 지금도 분노를 느낄 뿐이다. 내가 한국 현대사를 가르치는 관계로 생생히 기억하는 또 하나의 '내란음모' 사건은 1975년에 '인혁당 멤버' 8명이 형장의 이슬로 사라지게 된 '내란음모' 사형 판결이다. 최근에 와서 인혁당의 실체가 없었고 '내란음모'의 흔적도 없었다는 사실 등이 다 밝혀졌지만, 그 당시 사형을 내린 대법원장 민복기(1913~2007)나 조작극의 주범인 중앙정보부 부장 신직수(1927~2001) 등은 지금도 각각 그들이 속했던 조직 속에서 "문제가 있긴 있어도 근본적으로 존경스러운 선배"로 추앙받고 있지 않은가? 국가범죄가 저질러져도 국가 이름으로 무고한 사람들을 고문하고 죽인 범죄자가 제대로 단죄받고 처벌되는 법이 없는 나라가 대한민국이니, 이 나라에서 언제든 또다시 '내란음모' 명분으로 인권유린이 저질러질 것이 쉽게 예상돼 불안과 공포감을 느끼게 되는 것이다.

언론에 흘러나온 이야기로 보면, 이석기 의원 등 '좌파민족주의자'로 알려진 일부 통합진보당 관계자들이 약 130명 규모의 '혁명조직'을 만들어 남북한 전쟁 발발 때의 행동 요령, 곧 남한군 전쟁 진행을 해할 목적으로 통신·유류 시설의 파괴 등을 논의했다고 국정원이 주장한다. 최근의 '왕재산 간첩단'까지, 알고 보면 실제로 존재하지도 않았던 '조직'들을 하도 잘 만들어내는 곳이 국정원인지라 그러한 논의에 대한 그들의 주장을 선뜻 신뢰하기 어렵지만, 만약 통합진보당 일부 당원 사이에 이와 같은 종류의 이야기가 오갔다면 나는 그저 그분들의 상식을 의심할 뿐이다. 발발만 되면 불가피하게 중-미가 끼어들 남북한 전쟁의 실질적 상황을 한번 제대로 상상해보라.

수백만 명이 포탄·폭탄 밑에서 죽고 다치는 그 와중에 일체 징집연령 남성들을 총동원할 군은 민간행정까지 맡을 것이고, 그 병영질서 속에서 수십 명의 아마추어들이 아무리 통신·유류 시설 파괴를 시도한다 한들 과연 반내쪽에 약간이라도 보탬이 되겠는가? 진짜 문제는, 그렇게 할 경우에 본인들에 대한 총살형으로 끝나는 것이 아니고 계급운동에 대한 총체적인 궤멸적 타격으로까지 이어질 가능성이 있다는 사실이다. 나만 해도 남한의 평민이 미국과 남한 지배계급을 위한 총알받이가 될 일이 없다고 확신하고, 혹시나 전쟁이 터질 때 국내에 있게 되면 다른 동지들과 함께 무슨 형벌이라도 당할 각오로 전쟁에 대한 결사반대와 병역거부를 선언하려고 한다. 희생이 있더라도, 전쟁 그 자체를 거부하기 위한 희생이라면 차후 한반도의 화해와 공생의 밑바탕이라도 될 수 있지 않겠는가? 좌우간 국정원의 주장에 일말의 사실이 담겨 있다면 통합진보당의 일부 사람들이 선택하려고 했던 전쟁 반대의 방식은 결코 최적의 방편이 아니라고 봐야 할 것이다.

한데 국정원이 엿들었던 이야기들이 정말 그들의 주장대로 '전시의 시설 파괴'와 같은 허언장담(虛言壯談)이라 해도, 이를 '내란예비음모'라고 말한다는 것은 무리수에 속한다. 형법 87조의 '내란'의 정의는 "국토를 참절하거나 국헌을 문란할 목적으로 폭동한 행위"인데, 대한민국 일부 영토를 떼어서 불법적 정권을 만들거나(국토 참절), 국헌을 문란케 할 만큼 전국적인 폭동을 일으키려면 130여 명

(게다가 그중의 상당수는 무기도 다룰 줄 모르는)으로는 부족하지 않겠는가? '간첩 단체'에 대한 소설 격의 이야기를 제조하는 것이 국정원의 특기(?)인 셈인데, 이 정도면 '비(非)과학 판타지 소설'로 봐야 할 듯하다. 그러면 국정원이 왜 하필이면 이 시점에서 이와 같은 '이야기책'을 들고 전국 무대에 등장하려 한 것인가? 이 점에 대해서는 근인과 근본적 원인을 구별해서 이야기할 수 있을 것 같다.

근인이야 뻔하다. 국정원의 선거 개입이라는 사실은 박근혜 정권의 집권 명분 자체를 의문에 빠뜨린다. 촛불집회의 열기가 지속되고, 거기에다 불을 더 지피는 것이 사회경제적 문제들의 누적이다. 예컨대 저성장기에 불가피한 부동산 시장 침체 등으로 인한 전월세 대란은 정부가 아무리 대책을 세운다 해도 내 집 없는 수백만 명의 생계를 본격적으로 위협할 수밖에 없다. 또 '빚내서 집 사라'는 식의 대책은 빈민층이 확대되어 천문학적인 가계부채 피라미드가 경제 전체를 위협하는 상황에서는 현실적이지도 않고, 민중의 처지에서는 바람직하지도 않다. 삶에 대한 각종 불만이 쌓이고, 정권의 명분이 약화되고, 거기에다가 국정원 국내 파트 개혁 이야기가 나올 때쯤 되면 빠짐없이 나오는 카드는? 맞다, 바로 새로운 '간첩단'의 발견이다. 하도 익숙해진 순환이다 보니 거의 기시감이 들 정도다.

근본적 원인은 약간 더 깊은 데에 있는 것 같다. 한국의 사회갈등 지수는 미국이나 일본에 비해 훨씬 높지만, 아직까지 대다수의 한국인들은 체제의 이데올로기를 신뢰하고 제대로 된 계급의식을 갖고 있지 않다. 예컨대 2009년의 영국 공영방송의 여론조사에서 프랑스 응답자의 43%, 멕시코 응답자의 38%, 브라질 응답자의 35%, 우크라이나 응답자의 31%가 자본주의가 이미 파산했으며 공공성 위주의 내안적 경제체제가 필요하다는 의견을 피력했는데, 한국에서는 아직까지 남유럽이나 동유럽, 남미에서 꽤나 일반화된 자본주의에 대한 전반적인 부정을 만나보기가 어렵다. 한국 같으면 2013년 여론조사에서 보수층까지도 가세해 약 81%가 빈부격차의 완화를 요구했지만, 아직도 대기업의 공유화와 노동자들의 경영 참여, 사회의 모든 구성원이 참여하는 경제운영계획의 수립 등을 지지하는 사람들은 극소수에 불과하다. 다수는 아직까지 '경쟁', 곧 재산가들의 이윤추구에 바탕을 두는 경제·사회체제를 당연시하고, 현장에서 기업주와 투쟁한다 해도 어디까지나 당면 경제이익을 위해서 기업 단위의 투쟁을 벌일 뿐이다. 정규직화, 곧 해당 기업의 완전한 '가족'으로 받아들이라고 죽음을 각오하고 싸움을 벌이는 비정규직들의 투쟁은 이와 같은 의식과 행동 양태의 적절한 사례가 될 것이다.

그런데 과연 오늘과 같이 민중이 체제에 포섭되는 상태는 영구적일까? 박정희 이후로 인간을 기계의 부속품으로 만드는 이 잔혹한 체제를 합리화해온 것은 무엇보다도 신줏단지처럼 모셔온 경제성장인데, 그 성장률은 이제 사실상 1~2%대에 멈춰서고 말았다. 세계공황이 한동안 계속될 것이고 중국 등 한국이 여태까지 의존해온 신흥자본주의국가들의 고속성장이 이미 끝나가고 있기에 경제성장률이 더 오를 가능성도 거의 없는데, 이는 장차 부동산 시장의 장기침체·하락, 영세 자영업자 파산의 가속화를 의미할 것이다. 지금 한국 자영업의 실패율은 80%이며, 자영업자들의 가처분소득 대비 금융부채 비율은 임금 노동자의 두 배인 160%다. 쉽게 이야기하면 빚에 시달리는 가난뱅이들은 창업과 폐업을 반복하면서 장사가 안될 때는 저임금 노동으로 겨우겨우 생계를 꾸린다. 가면 갈수록 더 많은 대졸자들이 취업에 실패해 도시빈민 대오에 합류한다. 미래에 하등의 희망을 볼 수 없는 수백만 명에 이르는 포괄적 의미의 '사회 주변인'들은, 그들에게 더는 아무것도 약속하지 못하는 체제를 과연 언제까지 신뢰할 것인가? 그들에게 언젠가 계급적 각성의 순간이 오지 않겠는가?

체제가 장기적으로 두려워하는 것은 바로 이 부분이다. 그래서 일찌감치 '종북 사냥'을 대대적으로 벌여 체제에 대한 모든 반대에 미리미리 '종북'과 같은 색깔을 뒤집어씌우려 한다. 그러나 아무리 좌파민족주의자들을 본보기 삼아 두들긴다고 해도, 언젠가 이 나라를 덮어버릴 주변화된 다수의 불만의 해일을 막을 수는 없을 것이다.

양심수와
공포정치

　나와 대한민국 사이의 인연에 애당초부터 '양심수'라는 핵심어
가 있었다. 소련 공민으로서 국제사면위원회(앰네스티 인터내셔널)에
가입이 가능해진 1989년부터 바로 가입하여, 그때부터는 빠짐없이
한국 양심수들에 대한 자료를 받고 석방요청서에 사인하기 시작했
다. 가끔가다가 국제사면위원회의 한국 관련 자료는 충격 그 자체였
다. 얼핏 보면 '민주화'된 듯했지만, 그 자료대로라면 시인 박노해가
1991년 3월에 체포됐을 때에 3주간 잔혹한 고문을 당했다는 것이었
다. '민주화'된 사회에 고문이라니, 오랫동안 믿을 수 없었다. 박노해
뿐만인가? '민주화'된 세상에 그와 같이 잡혀간 또다른 '남한사회주

의노동자동맹(사노맹) 사건' 관계자인 백태웅, 은수미에 대해서도 고문 이야기를 읽을 수 있었다. 이렇게 국제사면위원회와 인연을 맺어 남한 '민주화'의 겉과 속이 얼마나 달랐는지를, 1990년대 초반에 처음으로 실감나게 확인했다.

그때부터 어언 20여 년이 지났다. 한때 사형이 구형됐던 박노해는 이미 명망가 대열에 올라 있다. 백태웅은 하와이대학에서 일하면서 유엔에서 자문역을 맡고 있고, 은수미는 국회의원을 지냈다. 이들이 몸담았던 사노맹은 민주화 운동 조직으로 공식 인정되었다. 한데 아무런 범죄도 저지른 적이 없었던 그들을 고문하고 거의 10년간 감옥에 썩힌 자들 중에서 처벌받은 이는 아무도 없었다. 이거야말로 대한민국에서 과거 정리의 전형적 방식이다. 정권이 몇 번 바뀌고 과거의 사법살인·고문수사에 대한 비판 여론이 정설로 굳어지면, 억울한 피해자나 그 후손들이 어쩌면 명예복원과 함께 약간의 보상을 받을 수 있을지도 모른다. 하지만 피해자는 있어도 가해자가 없는 게 '관례'다. 1970~1980년대에 150여 명의 재일조선인들을 살인적 고문을 통해 관제 '간첩'으로 만들고, '사노맹 사건'과 같은 수많은 시국 사건들을 터뜨리면서 정권의 반대자를 고문해 감옥에 보내고 비전향 장기수에 대한 전향 공작으로 자기 신념을 지키려는 사람들을 죽이거나 장애자로 만든 이들 중에서, 제대로 처벌받은 이는 거의 없다. 고문수사, 허위진술 강요 등이 체제의 '관습'이 돼버린 상황에서는, 인권유린 피해자가 명예복원돼도 인권유린 그 자체는 처벌되지 않는다. 문제는 이와 같은 사회에서는 과거와 같은 인권유린이 언제든지 다시 재현될 수 있다는 것이다.

사실, 매우 가시적인 양심수의 양산은 이미 돌아왔다. 아마도 미래의 사학자들이 박근혜 통치기를 명명할 적에 "정부가 노동과의 전쟁을 벌인 시대"나 "재벌 만능의 시대" 같은 명칭과 아울러 "양심수 양산의 시대"라고 부를 것이다. 물론 박근혜 집권 이전에 양심수가 없었다는 이야기는 아니다. 비록 약간의 개선은 있었지만, 김대중·노무현 시기에도 대한민국은 여전히 세계 최악에 가까운 병영사회·공안국가·노동억압사회였다. 그래서 과거의 양심수 출신이나 인권변호사 출신이 대통령으로 돼 있어도 양심적 병역거부자와 노동운동가('업무 방해', '퇴거 불응', '집시법 위반'), 국가보안법 관련으로 구속기소된 좌파민족주의자 등 수백 명이 매년 감옥을 메우곤 했다. 하지만 박근혜 시대의 양심수 양산은 새로운 수준에 도달했다. 자신의 양심을 지키려고 감옥에 가야만 하는 사람들의 수가 늘어났을 뿐만 아니라, 가시성이 높은 양심수 투옥의 공포 확산 효과도 매우 컸다.

기초적 사실부터 확인하자. 박근혜 정권 시기에 접어들어 국가보안법 기소율은 노무현 시절에 비해 약 2~3배 뛰었다. 2007년에 86건, 2008년에 56건의 기소가 각각 집계됐지만, 2013년에 165건의 국가보안법 기소라는 '신기록'이 세워졌다. 미국의 국무부마저도 악법으로 인정한 법의 내용이야 그대로지만, 그만큼 그 '활용의 범위'가 넓어졌다. 기소된다 해도 구속률이 20~30% 정도기 때문에 무조건 감옥행이 되는 건 아니지만, 2000년대 중반에 비해 구속자 수가 늘어난 것은 사실이다. 노동자 구속의 경우, 구속자의 수 자체는 2000년대 중반 이후 경향적으로 내려가긴 한다. 한데 이는 대한민국의 사법부가 갑자기 인심이 후해져서가 아니고, 노동탄압의 방법이 극도로 교묘해져서이다. 기업들이 광범위하게 용역을 쓰는 관계로 파업 노동자와 경찰의 직접 충돌이 드물어지고, 또 살인적 손해배상 요구와 노동운동가 재산 가압류 등은 애당초부터 노동운동을 짓눌러버린다. 2015년 말을 기준으로 수감 중인 노동계 양심수 통계를 보면 대부분은 비정규직 투쟁 관련자(40여 명)와 노점상 등 생존권 투쟁 관련자(10여 명), 외국인 노동자(12명) 등 가장 취약한 계층들을 대변하는 사람들이다. 국가는 노동계급의 주변부, 즉 비정규직과 해고자, 영세민 등의 투쟁을 구속수감으로 공격하는 셈이다. 수감 중인 한국의 양심적 병역거부자(약 600여 명)는, 세계 평화 수감자의 90% 정도를 이룬다. 국가보안법 사범, 수감된 노동자, 병역거부자, 밀양의 할머니와 할아버지, 강정마을 주민과 평화운동가…. 대한민국은 그야말로 양심수들의 나라, 산업화되고 형식적 '자유민주주의'를 실행하는 나라들 중에서 양심수를 가장 많이 양산하는 전형적 인권유린국이다.

물론 박근혜 정권 이전이라고 해서 인권유린국이 아닌 것도 아니었다. 하지만 이 정권 아래서 인권유린은 가시적으로, 보란 듯 자행된다. 김대중·노무현 정권은 인권의 외형을 갖추려는 시도라도 했

지만, 이번 정권은 인권탄압을 자랑하듯 한다. '인혁당 사건' 등이 박
정희 정권의 야만성을 상징했듯, '구미 유학생단 간첩 사건' 등이 전
두환 시대의 전형적 고문수사의 실체를 보여주었듯, 위에서 언급한
'사노맹 사건'이 노태우 시절 '민주화'의 부실함을 폭로했듯, 1993년
의 '남매 간첩 사건' 등 1990년대 초·중반의 각종 '간첩' 조작들이
김영삼 시절 '민주화'의 한계를 확인했듯, '이석기 사건'은 이번 정
권의 반인권성을 길이길이 상징할 것이다. 그만큼 이 사건에서 보인
정권의 '대담함'은 기가 막힐 수준이다. 그 진위 여부가 문제시됐던
녹취록 등의 매우 단편적이고 불확실한 '증거'에 의한 현직 의원의
체포나 거의 7~8%의 고정 지지율을 기록하는 의회정당의 사법적
해산과 같은 규모의 권력형 폭거들은, 건국 초기나 1950년대 이후
로는 대한민국 헌정 사상 찾아보기도 힘들었다. 정권이 법을 도구화
해 정적 제거를 과감히 할 의사를 과시한 듯했다. '이석기 사건' 이
후에 정권 반대자의 체포는 박근혜 정권의 하나의 '관습'이 됐다. 이
석기 등 통합진보당 인사들은 국내에서 오래전부터 심각한 탄압을
받아온 좌파민족주의 경향에 속했지만, 2013년 12월에 합법적 파업
을 진행하는 과정에서 체포된 철도노조 지도부나 일제강점기를 연
상케 하는 '소요죄'로 기소될 뻔하다 결국 다른 죄목으로 기소당한
한상균 민주노총 위원장, 세월호 유가족들의 원한을 풀려고 희생적
으로 노력하다가 구속당한 박래군 같은 한국의 대표적 인권운동가
등은 좌파민족주의 등 한국 사회에서 불온시되는 그 어떤 이념과도

무관했다. 그들은 단지 약자들을 위해 뛰었다가 영어의 몸이 된 것이다. 그들을 체포한 정권이, 지배계급의 이해관계에 약간이라도 불리한 활동은 모두 체포로 끝날 것이라는 메시지를 모두에게 전하려 했던 모양이다.

결국 양심수 양산의 정치는 공포정치다. 현직 국회의원이나 전국노조의 수반, 아니면 유명한 인권활동가마저도 언제든지 투옥될 수 있다면 그 누구도 안심하고 표현이나 결사, 집회의 자유를 누릴 수 없다. 헌법상 보장된다는 자유의 내용은 퇴색하고 '자유민주주의'는 형해화돼 무의미한 껍데기만 남는다. 이러다가는 1990년대까지 기승부렸던, 위에서 언급한 '사노맹 사건' 피해자들에게 악몽이 됐던 고문도 돌아올 날이 멀지 않을 것이다. 인권을 상습적으로 유린하는 정권에 대한 저항만이 우리 자손들이 살아가야 할 대한민국을 인간이 그나마 살아 숨 쉴 수 있는 나라로 만들 수 있을 것이다.

박근혜,
최악의 대통령

이 글을 쓰기에 앞서 한 가지 고백해야겠다. 사실 나는 대통령을 누가 하는가에 대해 그다지 첨예한 관심은 없다. 대통령이 누가 되든 1997년 이후로 신자유주의적 정책은 한 번도 바뀌거나 수정된 적이 없었기 때문이다. 예컨대 철도 문제를 보라. 철도청을 철도공사로 바꾸는 등 대자본이 철도에 개입할 수 있는 여지를 최초로 만들어낸 것은 노무현 때였다. 또 고속철도 여승무원의 불법적이고 비도덕적인 다단계 간접 고용도 노무현 때에 이루어진 것이고, 여승무원들이 2006년 이후로 몇 년간 이에 맞서서 투쟁을 했는데도 '민주적' 정권으로부터 받은 것은 탄압밖에 없었다. 2009년에 철도 파업을 탄압해서 169명의 해고자를 만든 것은 이명박이었다. 이번의 민영화 반대 철도 파업은 바로 이와 같은 과정의 연장선상에 있는 것이고, 2000년대에 접어들어 민영화 입법 철회를 위한 최초의 철도 파업은 김대중 시절인 2002년에 이미 일어난 바 있다. 과연 투쟁하는 노동자들의 입장에서 김대중이나 노무현과 같은 자유주의 정권과 그 후의 극우정권의 차이가 그렇게까지 클까?

대통령이 누가 되든 간에 정책의 핵심을 대통령이 주체가 되어서 정하는 것은 아니다. 삼성경제연구소를 비롯한 국내 재벌들의 두뇌 집단과 해외 대자본의 요구를, 당선에 성공한 정객들이 알아서 가감해서 경제정책이라고 내놓는 것이다. 사실 외교정책도 마찬가지다. 한국의 대통령이 햇볕정책, 곧 햇볕이 행인으로 하여금 옷을 벗게 하듯 북한의 시장화를 유도하겠다는 차원에서 제한적인 대북 경협 정도 할 권한까지는 있다. 노무현 초기처럼 중국에 대한 친화적 제스처를 할 권한은 부여돼 있으며, 또 워싱턴의 천자(天子)가 이라크 출병과 같은 일을 명령할 때에 내색을 하여 다소 불만스러운 표정을 지을 자유도 있다.

그러나 일개 후국(侯國)의 후왕(侯王)으로서 제국의 출병 명령을 정면으로 거부하거나 경쟁 제국인 중국에 제스처 이상으로 정치·군사적으로 가까워진다는 것은 누가 대통령이 되더라도 거의 상상 밖의 일이다. 행여나 다시 한번 노무현의 적자들이 정권을 잡아도, 예컨대 남북 공동의 군축을 해가면서 북한과 군사·안보 협력을 시작하는 등 실제적인 미-일-한 삼각동맹의 틀을 깨기는 지난할 것이다. 대통령이 누가 되든 간에 기존의 보수적 기본틀이 남아 있는 한, 곧 어떤 급진적 변혁이 일어나지 않는 한 경제적 신자유주의와 정치·군사적 미 제국에의 복종은 우리에게 그저 존재의 기본 조건일 뿐이다. 그러니 대통령이 누가 되고 대통령이 무엇을 하는가에 대해 일희일비할 것이 있는가?

그렇다 하더라도 박근혜의 집권 기간이 보여준 것은 극우정객 출신의 대통령치고도 박근혜가 너무나 독보적인(?) 존재라는 점이다. 형식적 민주화 이후의 시간을 통째로 돌아보면, 이 정도로 시대착오적이고 비상식적인 권력이 태어난 것은 처음인 듯하다. 사실, 이와 같은 수준의 극우정객이 정당 당수, 대통령 후보에 오를 수 있었다는 것은 한국 정치에 최고 선거직을 지향하는 정치인의 '품질'을 검증하는 시스템이 작동되지 않는다는 사실을 보여준다. 검증 시스템이 작동되었다면, 차후 보수에도 재앙이 될 '박근혜 집권'이라는 이름의 필패의 희비극을 사전에 면할 수 있었을 것이다.

박근혜에 비하면, 남북기본합의서의 체결에 나선 노태우나, 김일성과 정상회담을 하려고 했던 김영삼마저 통일지향적 진보정치인으로 보일 정도다. 촛불 사태에 밀려 대운하 등 가장 망상적인 계획들을 그래도 철회하거나 대폭 수정한 이명박은 소통할 줄 아는 정치인으로 보일 정도다. 사실 대한민국의 진정한 '주인들', 곧 재벌의 대주주들은 박근혜의 대통령직 수행 능력 수준이 다 들통난 지금쯤에 그들의 마름 격인 그녀를 해임해야 하지 않을까를 신중히 고려해볼 만하다. 이렇게 가다가는 종국에 가서는 그들의 부까지 '안녕'하지 못할 상황이 벌어질 수도 있기 때문이다.

박근혜의 전임자인 이명박의 대북 정책은 완패했다. 엄청난 돈과 노력이 들어간 햇볕정책을 포기했는데, 남한 보수 일각에서 기대했던 바와 정반대로 북한은 위축되긴커녕 정권 세습의 작업을 비교적 원활하게 하여 새로운 권력체계를 공고히 하는 한편 중국 투자와 대중국 무역, 그리고 밑으로부터의 자본주의라고 할 개인 소기업의 발전에 힘입은 경제성장을 계속해왔다. 이 와중에 집권한 박근혜가 마음만 먹었다면 전임자의 실패를 교훈 삼아 자신처럼 선조의 후광에 기대는 평양의 새로운 권력자와 건설적 관계를 수립해볼 수도 있었다. 그러나 그는 절호의 기회를 놓치고 적대적 대북관계로 일관했으며, 대북관계 개선 대신에 과거의 '북풍'과 다를 바 없이 이북 문제를 계속해서 국내 정치에 이용해왔다.

정상적 대북 협력관계를 지속해온 노무현은, 거기에 힘입어 비록 미국의 후국 신세를 벗어나지는 못했다 해도 그나마 동북아 균형자론 등 미국과 중국 사이 등거리 외교의 가능성을 시사해주는 제스처로 중국에 호소라도 할 수 있었다. 이와 달리 박근혜는 대북대립노선으로 내달리는 이상, 방공식별구역을 둘러싼 최근과 같은 중-미 갈등에서 한반도 주민들의 실질적인 이해관계와 무관하게 계속해서 미국에 대한 무조건적 충성으로 일관하여 대륙(중국·러시아 등)으로부터의 소외를 감수해야 할 것이다. 또한 대일관계에 있어서는 겉으로는 가끔 강경자세를 취함으로써 미-일-한 삼각동맹에 사실상 올인한다는 사실을 덮으려 하지만, 극도로 편향된 대외 정책이라는 것을 과연 감출 수 있겠는가?

박근혜의 국내 정치를 한마디로 요약하자면 '대민(對民) 투쟁'이라고 할 만하다. 신자유주의적 의제로 일관하는 것은 김대중이나 노무현과 별 차이 없지만, 그러면서도 노동계에 그때그때 양보도 하고 대화도 진행할 줄 알았던 김·노와 달리 그야말로 소통도 대화도 없는 무식한 탄압일 뿐이다. 역대 정권 중에서는 전교조와 갈등하지 않았던 정권은 없었지만, 박근혜는 전교조를 아예 법외노조로 만들어 대한민국을 산업화된 형식적 민주국가 중 유일하게 교원노조 없는 나라로 만들었다. 전교조와 공무원노조 등 대표적 공공 부문 노조에 대한 탄압의 압권은 바로 철도 파업에 대한 파쇼적이라고 할 정도의 초강경 대응이었다. 박근혜는 '자유민주주의'를 들먹이는 것을 상당히 좋아하는 것처럼 보이지만, 그 어떤 자유민주주의 국가에서도 파업을 벌이는 노조의 지도부를 무조건 무더기로 구속하지 않는다. 참고로, 박근혜가 영국의 극우 국무총리 대처를 롤모델로 삼는다고 하지만, 대처마저 1984~1985년 광업 노동자 파업 투쟁을 탄압하면서도 그 지도부를 구속한 적은 없었다. 거의 1년 가까이 진행되면서 3명의 목숨을 앗아갈 정도로 20세기 후반기 유럽 역사상 가장 치열한 투쟁이었는데도 불구하고 말이다. 박근혜는 과연 '자유민주주의' 의미를 알기나 하는가? 노조에 대한 살인적 배상금 청구, 가압류, 노조원 직위해제와 해고 등이 예사인 대한민국에서마저도 박근혜식 '대노(對勞) 전투'는 이미 비상식으로 보일 정도다. 그 수많은 '안녕들' 대자보에서 철도 파업이 자주 언급되는 것은 과연 우연인가?

박근혜는 커다란 오판을 했다. 그가 실제로 지향하는 것은 일종의 '반쪽 파시즘 사회'인 것처럼 보인다. 말하자면 "북한과 연계했다"고 해서 가장 규모가 큰 진보정당의 국회의원을 마구 잡아 가두어도 되는 사회이면서도 물고문과 전기 고문, 학도호국단과 신문에 대한 보도지침은 없는, 그런 '중간적 파시즘' 사회 말이다. 그러나 파시즘 건설에서 '중도'는 없다. 박근혜가 그 부왕(父王)의 말기와 같은 전체적인 파탄을 각오하고 전체적인 유신의 부활로 가지 못하는 이상 초강경 '대민 투쟁'은 그저 민중의 반격을 불러일으킬 뿐이다. 이거야말로 전화위복이라고나 할까? 보수화돼가던 학생층까지 이제 저항 모드로 급거 이동하기 시작했다. 그러니까 최악의 대통령이 된 박근혜를 여태까지 밀어준 재벌가 등 이 나라의 실질적 '주인'들은 이제라도 그 오류를 반성하여 선후책을 논의해야 하지 않을까 싶다.

통일대박론의
진정한
의미

　정치인들의 말에 지나친 의미를 부여하는 건 정치학에선 금물이
다. 정치인들이 유권자들이 듣고 싶어 하는 이야기를 해주는 경우가
하도 많기 때문이다. 말이 아닌 행동을 봐야 그 정치인의 노선을 알
수 있다. 오바마는 '변화'를 들먹여서 두 번이나 당선에 성공했지만,
기존의 민영 의료보험의 틀을 깨지 못한 연방 건강보험개혁법(오바
마케어) 이외에 과연 변화된 것이 있는가? 한국의 경우는 더 심각해
대부분의 대통령 공약들이 현실화될 수도 없고 현실화될 일도 없는
동화책 속 이야기에 불과하다. 이명박의 747공약 중 실천에 옮겨진
것이 하나라도 있는가? 사실 '7% 성장'을 공약한 것은 노무현이 처

음이었다. 유권자들을 바보로 취급해서 현실성이 없는 이야기로 득표해보려는 전략의 차원에서는 여야가 따로 없다.

그럼에도 정치인이나 고급 공직자들의 말을 유심히 들어야 한다. 그 말 속에서 그들의 세계인식 프레임이 여실히 보이기 때문이다. 그런 의미에서 박근혜의 '통일대박론'은 의미심장하다. 일면으로 보면, 대부분 정치인들의 발언이 그렇듯이 그저 허황한 낭설로밖에 들리지 않는다. 지금의 시점에서 도대체 무슨 통일을 이야기할 수 있는가? 점진적 평화통일을 이야기한다면, 햇볕정책을 계속 폈을 경우에도 갈 길이 한참 멀었을 것이다. 신뢰구축, 경협, 군축, 남북한을 아우를 수 있는 과도기적 공동체의 기초 쌓기 등은 빨라도 수십 년의 시일을 요할 것이다. 그러나 햇볕정책을 이명박이 일방적으로 파기했으며, 박근혜는 이명박의 재앙적인 대북 정책 후과를 시정하는 데 거의 아무런 노력도 하지 않고 있다. 지금 같으면 통일 그 자체보다는 신뢰구축 프로세스를 다시 가동시키는 것이 급선무다.

평화통일이 아니라면, 북한 붕괴와 미국의 도움을 받는 남한에 의한 흡수통일의 시나리오를 이야기한 것인가? 많은 전문가들이 이미 지적했듯이, 이런 시나리오가 현실화될 가능성은 당분간 매우 적으며, 혹시나 현실화될 경우에도 '대박'이 아닌 초대형 비극으로 끝나고 말 것이다. 박근혜 주위 극우들의 특유의 소망적 사고가 작용돼 장성택 숙청 등 북한에서의 일련의 사태들을 '지배층 분열, 지배구조 약화'로 오독해서 이런 이야기가 나왔는지도 모르지만, 현실은 정반대다. 장성택 숙청이 보여준 것은 북한의 지도부가 고위관료에 의한 자원의 사유화, 곧 현대판 '호족'들에 의한 관료적 '소왕국'의 출현을 충분히 막을 수 있다는 것뿐이다. 곧, 이는 북한 붕괴 임박의 조짐이라기보다는 수령주의적 1인통치 구도가 제3대에 가서도 다시 공고화될 수 있다는 방증일 것이다. 만에 하나 북한이 정말 심각하게 흔들린다면? 가장 현실적인 시나리오는 남한에 의한 흡수 통일보다는 북한의 관민들이 차라리 더 반길 중국의 개입일 것이다. 그리고 이 개입이 한반도를 무대로 하는 중-미 무장 갈등으로 번진다면… 세계의 무기업자들에게야 대박이겠지만, 한반도 역사로서는 아마도 일제강점기나 한국전쟁 이상의 재앙이 될 것이다.

위에서 보다시피 통일대박론에는 근거도 논리성도 전무하다. 그러나 남한의 경제·정치 영토가 북한으로 확장돼야 한다는 요지의 이야기가 국내 고위관계자들의 입에서 계속 흘러나오는 것 자체는 중요하다. '통일대박'이라면, 전 국정원장 남재준의 "조국을 2015년 자유민주주의 체제로 통일시키기 위해 다 같이 죽자" 하고 말했던 것에 비해 조금 얌전한 편에 속하기도 한다. 남한 정부의 일부 언행은 북한의 국가적 입장을 무시하는 듯한 느낌을 계속 준다. 예를 들어 한-러 정상회담에서 박근혜가 러시아와 북한의 나진·하산 물류 협력 프로젝트에 참여하겠다는 양해각서에 사인한 뒤로 "부산에서 북한과 러시아를 거쳐 서유럽으로 열차로 갈 수 있는 유라시아 시대" 등의 이야기가 나오기 시작했는데, 상식적으로 북한의 동의 없이 이 '유라시아 시대'는 그저 허황한 꿈으로만 남을 것이다. 그러나 '유라시아 시대'를 거론하는 박근혜는 북한을 국제정치의 독립적 주체로 인정하지 않은 양 그 입장에 대한 관심조차 거의 보이지 않는 듯하다. '우리 경제 영토로 삼키고 말겠다'는 이와 같은 야망은 도대체 어디에서 나오는 것인가?

여기에서 한 가지 일반론적 이야기로 먼저 들어가야 한다. 지금 대한민국은 모범적 신자유주의 사회에 가까운데, 신자유주의라는 경제·사회 질서는 자전거와 같다. 자전거가 계속 굴러가지 않으면 바로 넘어지듯이, 신자유주의는 계속해서 그 경제·정치 영토를 넓히지 못하면 바로 이윤율 저하, 과잉 축적의 위기에 빠진다. 원래 신자유주의의 시발점은 고임금 노동과 제조업 기반의 자본을 축으로 했던 전통적 포디즘 모델에서의 이윤율의 경향적 저하였다. 1960~1970년대에 독일과 일본, 한국 등의 아시아 신흥산업국가들이 제조업 시장에 뛰어든데다가, 최근에는 중국 등 후발주자들까지 가세해 과잉생산의 현상이 뚜렷해지고, 오일 등 에너지 자원이 비싸지는 것은, 과거와 같이 자국 고임금 노동자를 주로 고용하는 제조업 위주의 모델이 더 이상 수익을 내지 못한다는 것을 의미한다.

그래서 자본이 찾아낸 돌파구가 바로 국내에서의 신자유주의적 고용질서로의 전환과 국외로의 확장, 그리고 금융 부문으로의 전환 등의 삼두마차다. 거칠게 이야기하면, 중국 등 저임금 국가로 쳐들어오는 핵심부와 준핵심부 자본들이 거기에서 값싼 소비재를 만들고, 국내에서 비정규직으로 전환당해 사실상 실제 소득이 떨어진 상당수의 노동자들이 그 값싼 소비재를 구매하면서 실질적 소득 저하를 덜 실감하게끔 하는 전략이다. 또 동시에 금융업으로 전환하는 핵심부 자본들은 끊임없이 주변부 투자를 통해서 초과이윤을 모색하고, 그 이윤의 일부가 세금으로 떼여 실질적으로 가난해지는 대다수 자국민들의 기초복지비용으로 쓰임으로써 그들의 불만을 누그러뜨리는 것이 바로 신자유주의 시대 국가와 자본의 생존 방식이다. 한마디로 '확장하지 않으면 죽는다'는 것이다.

이 법칙에 따라서 지난 25년 동안 일본과 한국을 제외한 거의 모든 핵심부·준핵심부 주요 국가들은 그들이 정치력까지 행사해서 현지 정권을 통해 해당 국가의 자본에 필요한 정책들을 손쉽게 집행케 할 수 있는 일종의 신자유주의판 신식민지들을 확보해놓았다. 예컨대 미국에는 그 정부가 미국의 말을 대체로 잘 듣고, 그 수출의 80%가 미국으로 가고, 그 해외 투자 유입의 약 50%를 미국이 담당하는 멕시코가 있다. 또 1억1000만 명 정도의 멕시코 총인구의 약 10%에 해당하는 수의 멕시코 사람들이 미국 안에서 이민자로서 제일 힘들고 위험한 노동을 맡아 그 송금으로 멕시코 서민 인구의 상당 부분을 먹여 살리기에, 미국에 대한 종속은 풀뿌리 차원에서도 이루어진다.

유럽연합에 가입된 옛동유럽권의 주요 국가(체코·폴란드·헝가리 등)의 경우에는 정치적으로 독일이 압도적으로 주도하는 유럽연합의 행정기관에 복속하게 됐으며, 경제적으로 외자의존경제의 전형이 되고 말았다. 가장 제조업 발달 수준이 높았던 체코의 경우, 전체 경제에서 외자기업 비중이 1995~2009년 사이 7%에서 42%까지 올랐다. 유럽에서는 비교적 약한 스웨덴의 금융자본마저도 그들이 은행주식의 약 90% 정도를 보유하면서 금융계를 좌우하고 정부를 마음대로 압박·조정할 수 있는 모범적 신식민지인 에스토니아가 있다. 스웨덴의 국민총생산은 대한민국의 절반에도 미치지 못하는데 말이다.

그러니까 한국 지배자들로서는, 단순한 자본의 침윤을 넘어 현지 정부까지 마음대로 움직여 한국 자본을 위한 특권적 환경을 조성할 수 있는 신자유주의형 신식민지가 없어서 안달이고, 계속해서 북한에 대한 식민화 망상에 매달릴 수밖에 없는 것이다. 한국 정부가 북한에 대고 외치는 '개방, 개혁'은, 궁극적으로 우리들의 멕시코나 체코, 에스토니아가 되라는 주문이나 마찬가지다. 북한 민중으로서도 한국 피지배자로서도 이와 같은 '새끼 제국주의'를 배격해서 평등한 통일, 민중 본위, 북한 주민 등 약자 본위의 통일을 이루는 것이 바로 생사가 걸린 문제다. 한국 자본에 의한 북한의 신식민화는 그 모든 피해자들에게 대박이 아닌 고통만을 의미할 것이다.

통일을
가로막는
것들

　박근혜 정권은 참 자기모순적이다. 한편으로 보면, 이 정권은 전 정권에 견줘 '통일'을 훨씬 더 활발히 거론해왔다. '한반도 신뢰프로세스'가 일찍부터 이야기됐으며, '통일대박론'도 한때 사람들 입길에 오르기도 했다. 대통령 직속 통일준비위원회까지 발족됐으니 대통령이 정말 통일에 현실적인 관심을 갖는다는 일각의 평가도 나왔다. 또 한편으로는 박근혜 대통령의 말 하나하나, 행동 하나하나를 가만히 지켜보면, 이 사람이 진심으로 통일을 원하는가 하는 점에 대해 자연히 의심이 크게 들 정도다. 계속해서 '북한 붕괴론'을 암시하는 듯한 발언을 해대며, 아직도 흡수통일의 꿈을 버리지 못하고 있는 듯한 느낌을 준다. 그리고 무엇보다 '강경'으로 쉽게 기울어지는 대북 자세는 걱정스럽기만 하다. 전방 부대 군인이 지뢰를 밟아 부상당한 사건을 보자. 문제의 목함지뢰를 북한군이 매설했다고 주장할 만한 충분한 근거가 있을 경우 남북한 공동조사나 중립적 국제조사부터 제안해보는 게 순서가 아니었을까? '혹독한 대가'와 같은 발언들은 과연 통일을 가까워지게 만드는가? 그러나 이 문제는 박근혜 한 사람만의 문제라기보다는 한국 지배층 전체의 문제로 보인다. 한국 지배층에게는 북한이 점차 중국 경제권에 편입해가는 게 기회 상실로 느껴져 위기감을 준다. 그렇다고 그들이 진지하게 통일 준비에 나설 자세가 되어 있는 건 전혀 아니다. 이유는 무엇인가?

우선, '이념' 때문은 아닐 것이다. 남한에도 북한에도 각각 거대담론 차원의 이념들이 엄연히 있지만, 그 이념들은 실질적인 삶의 현실과는 거의 관계없으며 대외 정책에도 영향을 미치지 않는다. 중국 등의 자원 공급자라는 북한의 동북아 경제 시스템에서의 위치를, 과연 주체사상의 차원에서 해명할 수 있을까? 마찬가지로, 남한 주민에게 헌법에서 보장된다는 '자유'들이 이론적으로는 있어도 그들이 일상 속에서 만나는 것은 '학교'나 '기업'이라는 이름의 '독재국가'들이다. 비기독교인들에게도 예배 참석을 의무화하고 있는 각종 '미션스쿨'들을 보라. 그들에게 모든 국민이 종교의 자유를 가진다는 헌법 제20조는 무슨 의미가 있는가? 한국 정치인들이 '자유민주주의'를 들먹이지만, 한국 재벌들에게 가장 사업하기 편한 사회는 바로 유일 집권당이 노조까지 '영도'하는 중국이다. 마찬가지로, 항일 투쟁이라는 과거를 그 집권 체제의 명분으로 삼는 북한이 실질적으로 가장 열망하는 것은 대일본 수교일 것이다. 거대담론이 무엇이든 간에, 남북한 지배자들의 공통된 실질적인 이념이란 바로 우리가 시쳇말로 '조직문화'라고 부르는 것, 즉 개인이 '조직'(지배 체제)의 이해관계에 복종해야 하며 필요할 경우 희생해야 한다는 통념(?)이다. 정치적 화해 모드가 잡히기만 하면 남한 재벌들이 앞다투어 북한에 '무노조 공장'을 세우는 것은 쉽게 상상할 수 있다. 그렇다면 이런 화해 모드가 햇볕정책 시절 몇 년 잡혔다 해도 오래가지 않은 이유는 무엇일까?

'외세 때문'이라고 보는 사람이 많지만 이는 진실의 한 편린에 불과하다. 물론 외세의 입장에서 분단의 지속은 유리하다. 한반도를 둘러싼 4강 체제에서 통일을 실현하기 위해서는 통일 한반도를 궁극적으로 중-러 블록에도 미-일 블록에도 가담하지 않는 영세중립 지역으로 설정하는 게 필요하겠지만, 이 '한반도 중립론'을 한반도에 인접한 외세들이 역사적으로 수긍한 적은 거의 없었다. 1904년 초 러일전쟁이 발발하려 했을 때 고종 황제가 처음에 '중립'을 선언했다가 곧바로 일본군이 이미 상륙한 상황에서 2월 23일 '한일의정서'를 조인하도록 강요받은 일은 잘 알려지지 않았는가? 크게 봐서는 그때부터 지금까지 한반도 영세중립론이 '불온한 상상'의 위치를 벗어나지 못했으며 한반도 전체나 그 일부는 계속해서 특정 외세의

식민지로 있거나 불평등한 '동맹' 관계를 맺어야만 했다. 북한이 선구적으로 1960년대 초에 소련과 중국의 영향력에서 어느 정도 벗어날 수 있었지만, 1970년대 초반에 '통일 후 중립화'를 언급했다가 소련 지도부와 막후 갈등을 일으킨 이야기를 소련 외교사 관련 저서에서 읽을 수 있다. 미국의 영향에서 자유로워진 적이 없는 남한은 어떤가. 1960년대 미국 외교문서를 봐도 미국이 가장 걱정했던 것은 바로 남한 혁신세력의 '중립론'이었다. 그렇게 해서 오랫동안 친미적 당국자의 탄압을 받아온 '중립론'은 지금 남한에서 비주류 중의 비주류에 속한다. 역사 속의 이런 태도를 볼 때 외세의 통일 방해는 당연히 예상된다. 그러나 한반도인들이 굳건한 의지를 갖고 한반도를 핀란드나 오스트리아 같은 중립 지역으로 만들려 한다면 이게 꼭 불가능하지는 않을 것이다.

문제는, 특히 남한 지배층에게 이런 의지가 절대적으로 부족하다는 점이다. 이런 의지 부족은 남북관계의 황금기라고 할 햇볕정책 시기에도 자주 관찰됐다. '햇볕'은 정치적 접촉과 일부분의 인적 교류, 경협에 머물렀다. 그 이상의 문제들에 대해선 일부는 논의만 됐고 일부는 논의조차 되지 못했다. 예를 들어 2000년대 초반에 북쪽이 남쪽에 양쪽이 군대를 20만 명 수준으로 맞추는 공동군축을 제안했다. 단, 그 조건은 '미군 철수'였다. 지금이야 거의 잊혀졌지만, 김대중·노무현 대통령 시절에 여론조사마다 단계적 미군 철수와 즉각적 미군 철수를 지지하는 국민을 합치면 40%에서 62%까지 나와,

상당수나 다수를 차지하곤 했다. 이와 같은 분위기에서, 단계적 미군 철수에 대한 협상부터 시작해 북한의 신뢰를 얻고, 남북 공동 군축도 단계적으로 실행해보는 것이 전혀 불가능하지는 않았을 것이다. 북한에도 엄청난 군비 절약 효과가 있었겠지만, 남한으로서도 모병제로 충원이 가능한 크기의 군대를 갖는 것은 병역에 시달려온 평민들에겐 대단한 경사였을 것이다. 그러나 주류 정치인들 중에서 이러한 비전을 갖는 이를 발견하기 힘들었다. 남북한 간 서신 왕래·통신의 허용이나 각자 출판물의 상호 유통, 나아가서 남북한 간의 자유 왕래 등의 좀더 급진적인 의제는 아예 처음부터 논의에서 배제되고 말았다. 도대체 남한 지배층이 '통일'을 생각하면서 두려워하는 게 무엇일까?

답변은 간단하다. 남한 지배층은 사실 내부 동질성이 강한 하나의 배타적 집단이다. 주요 재벌과 관벌(전직 국무총리, 외교부 장관 등), 그리고 언론재벌·재벌언론들을 보면, 이미 일제강점기 때부터 벼슬을 하거나 기업을 경영했던 그 조상들이 자기들만의 '네트워크'를 만들기 시작하는 경우가 많았다. 현재 저들은 혼맥으로 철저히 이중 삼중 연결돼 있으며, 서울의 몇 군데 특정 동네에서 살며, 자녀들을 같은 학교나 같은 대학에 보낸다. 이들이 한국을 배타적으로 소유한다 해도 과언이 아닐 것이다. 부 서열 상위 1%가 개인 소유의 땅 50% 이상을 가지고 있으며, 주식부자 1%가 시가총액의 63%를 소유하는 사회가 바로 대한민국 아닌가?

문제는 한국을 저들 소유의 개인회사처럼 여기고 있는 저 관리자들의 '이너 서클'이, 그 무엇도 누구와 나누어본 적이 없다는 것이다. 저들의 지배는 철저히 독점적이고 배타적이다. 저들이 소유하는 기업에서 노동자들이 경영 참여권을 한 번이라도 가져본 적이 있는가? 노조 대표자 몇 명이 이사회에 참석한다고 해서 저들이 가져가는 배당금이 크게 줄어들 일도 없지만, 그렇다 하더라도 저들이 원칙상 저들의 권력을 나눌 생각이 없는 것이다. 저들의 정치자금으로 먹고사는 주류 정치인들이 독점하다시피 한 국회에서 피착취 대중 다수를 대표하는 정당은 기를 펴보기라도 할 수 있겠는가? 통합진보당의 운명을 보면 저들이 도전자들을 어떻게 다루는지 바로 알 수 있다. 합의형 통일이란 결국 기원이 다른 북한 지배층과의 '권력 나누기'를 의미할 텐데, 저들은 그 누구와도 권력을 나눌 생각이 없다. 차라리 분단의 영구화가 저들에게 더 나아 보인다.

통일을 필요로 하는 이들은 군복을 강제로 입게 돼 각종 침몰, 폭발, 해전 등등 분단이 낳은 비극에 희생되는 민중들이다. 민중 압박만이 통일을 가져올 수 있을 것이다.

박근혜 시대의
이데올로기

이 세상의 모든 것들은 다 변한다. 한국에서 좌·우파 이데올로기
의 함의도 포함해서 말이다. 예컨대 1980년대 좌파민족주의자들은
'통일'을 요구했는가 하면 계급주의자들의 주된 요구는 '재벌 해체'
였다. 요즘 같으면 그런 요구들을 역사책 이외에 어디에서 볼 수 있
는가? '통일'의 자리를 '통일지향적 대북 정책'이 차지했으며, 재벌
에 대해서는 고작해야 '노동자 경영 참여'를 요구하는 좌파 지식인
들을 드물게 볼 수 있는 정도다. 부유해진 대한민국에서 그만큼 좌
파가 순치되어 온건해졌다. 좌파만큼이나 극우파도 바뀌었다. 단, 극
우파는 '온건해졌다'기보다는 개개인을 국가와 자본에 예속시키는

방식을 시대적 상황에 맞추어서 바꾼 것이라고 봐야 할 것이다.

유신시대는 주변부형 유사 파시즘 시대였다. 파시즘은 내면화돼 있는 적극적 동원 논리인 만큼 유신시대가 요구했던 모범적 인간상도 '멸사봉공'이었다. 조국 근대화의 전사는 한쪽으로 '멸공'을 목적으로 해서 싸우며, 또 한쪽으로는 다른 수많은 순량한 국민들과 총화단결해서 '건설'에 매진해야 했다. "너도나도 일어나 새마을을 가꾸"는 산업화 전사를 바쁘게 움직이게끔 하는 에너지는, 꼭 "잘살아보는" 세상에 대한 기대뿐만 아니라, 일본 군국주의 이데올로기를 그대로 계승한 강력한 종족적 민족주의이기도 했다.

> 백두산의 푸른 정기 이 땅을 수호하고
> 한라산의 높은 기상 이 겨레 지켜왔네
> 무궁화꽃 피고 져도 유구한 우리 역사
> 굳세게도 살아왔네 슬기로운 우리 겨레
>
> 〈나의 조국〉

이런 민족주의는 통합, 차등화, 배제의 논리를 동시에 포함했다. '빨갱이'는 '우리 겨레'에서 사실상 제외돼 홀로 고문실에서 죽어나가거나 연좌제의 적용 대상이 돼 평생 감시와 차별 속에서 반쪽 '비국민' 삶을 살아야 했으며, 여성은 '국민'이긴 했지만 분명히 2등 국민에 불과했다. 반면, 군에서 "때려잡자 김일성, 쳐부수자 공산당, 무찌르자 북괴군, 이룩하자 유신과업!!!" 같은 구호를 외쳐대면서 정신 무장을 튼튼히 한, 그리고 어느 정도의 학력을 보유한 대한의 건전한 남아라면, 일단 한번 입사한 회사에서 큰 사고가 일어나지 않는 이상 계속 근로하는 게 '보통'이기도 했다. 민족주의나 군사주의와 함께 '회사 가족' 이데올로기도 박정희 정권이 제국주의 시절 일본으로부터 그대로 계승한 셈이었다.

효심이 지극해서인지 아니면 보수층 결집을 위한 수사 전략의 일환인지, 박근혜는 유엔까지 가서 새마을운동과 같은 유신 시절의 경제·이데올로기적 관제운동을 칭송하기도 한다. 한데 박근혜 정권의 정책이나 기업인들의 발화, 보수 언론의 논조 등을 종합해보면, '박근혜 시대'의 극우들이 키우고자 하는 인간상이나, 추진하고자 하는 이념은 유신 시절과 비슷하면서도 다른 점들이 보이기도 한다. 우선 차이는 무엇인가?

첫째, 유신시대나 지금이나 대한민국의 비공식적 국시는 사회진화론적 '경쟁'의 논리다. 한데, 그때는 '경쟁'의 단위가 국가나 기업이었다면 '박근혜 시대' 경쟁의 단위는 원자화되고 고립된 개인이다. 국가야 그때나 지금이나 개인에 대해 책임져주지 않는 건 마찬가지인데, 기업 차원에서는 이제 '회사 가족'이 아닌 쓰고 버릴 일회용 '인력'만이 필요한 시대가 되어 개개인이 서로 경쟁하는 '작은 1인기업'처럼 살아야 한다. 유신시대 한국인이 〈대한뉴스〉에서 나오는 국가 수출 실적에 다 같이 환호성을 질러야 했던 집합적 주체였다면, 오늘날 대한민국의 아이는 학원에서 "우정이라는 그럴듯한 명분으로 친구들과 어울리"지 말고 계획한 공부에 집중하라는 권고 문구를 보곤 한다.

'친구'마저도 다 경쟁자로 인식해야 하는 사회에서 '국민'은 2차적이며, 경쟁적 벌이의 주체로서의 개인이 1차적이다. 1970년대에 외화 반출이 범죄였지만, 오늘날 같으면 투자 이민이라도 해서 '선진국'에서 노후를 보내는 게 극락왕생이나 천당행처럼 여겨진다. 정부는 (사실 노무현 시절부터 계속해서) 해외 주거용 부동산 구매 목적으로 300만 달러까지 반출하는 것을 허용해주는 동시에 해외 취업 알선을 청년실업 대책이라고 홍보하고, 한국을 '헬조선'이라고 부르는 젊은이들은 이민 이외에 어떤 해결책도 발견하지 못한다. 정부와 '헬조선'에 절망한 젊은이들의 지향이야 각각 달라도, 이민이라는 지극히 '개인적인' 해결법을 권장하는 등 개인 경쟁의 이데올로기를 당연시하는 차원에서는 양쪽이 묘하게 공명한다. 결국 '조국 근대화'로부터 출발한 한국의 극우 이데올로기는 각자도생·적자생존 이념으로 변형돼가면서 젊은층 사이에서 기반의 획득을 도모한다.

둘째, 민족주의는 상당 부분 용도폐기됐다. 대한민국이 신자유주의 모범국이 되는 상황에서는 당연한 일이다. 외국 투자자가 국가를 상대로 제소를 할 수 있는 시대의 현실을 '백두산의 정기'를 가지고 제대로 합리화할 수 있겠는가? 민족주의 용도폐기의 또 하나의 원인은, 현 지배층의 기원이 '민족'과 무관하다는 점이다. 박정희 자신을 포함해서, 대한민국 관료기구 상부의 인적 구성은 대체로 총독부와 일군을 계승했다. 예컨대 초기 한국군 상황을 보자. 1945년 이전 군사 경력자 중에서 한국군 장군까지 승진한 사람은 일군과 만주군 출신이 270명이었고 불과 32명만이 광복군 출신이었다. 관료 기구뿐인가? 1938년에 세운 오늘날 삼성의 전신인 삼성상회는, 태평양전쟁 때 일군의 군납업체 아니었던가? 박정희 시절에 정권이 원호처(현 국가보훈처)를 통해 빈곤층이 된 과거의 독립운동자 일부에게 지원을 하고, 좌파가 아닌 일부 민족주의 성향의 독립운동 지도자들에게 훈장을 추서하는 등 표면상의 민족주의적 '색채'를 적절히 과시하면서 한국 지배층의 식민지적 기원에 대한 비판 여론을 어느 정도 잠재울 수 있었던 것은 언론과 출판이 통제되는 상황에서 '친일파 문제'에 대한 이야기를 자유로이 할 수 없었기 때문이다.

하지만 한국 '주류'의 살아 있는 아이콘인 백선엽 장군이 항일운동가들을 '토벌'했던 간도특설대 출신이라는 사실을 누구나 쉽게 알수 있고 토론할 수 있는 오늘날에 와서는, 대한민국 지배층으로서 역사를 보는 기본 시각 자체를 본질적으로 바꿀 필요가 생겼다. 박근혜의 역사교과서 국정화는 바로 이 작업을 의미한다. 새로운 역사교과서가 '식민지 근대화론'을 바탕으로 쓰여, 조선인이 일군에 입대해 장교가 되고 일군과 거래해서 이윤을 추구했던 것이 "우리나라 발전을 위한 애국"이라는 식으로 서술되면 '친일파'는 바로 '애국자'가 돼 대한민국 지배층의 기원이 완벽하게 정당화될 것이다.

위에서 보여준 것처럼, 박근혜로 대표되는 오늘날 대한민국 지배층은 과거의 '민족' 대신 '자본'을 위주로 사고하면서 오로지 자기의 생존과 성공을 위해서만 자나 깨나 분투하고 자신의 시간까지도 어릴 때부터 다 '돈'으로 환산하여 투자 가치 있는 일에만 쓸 줄 아는 경제동물형 인간을 새로운 모범인격으로 내세운다. 유신 시절과의 차이도 돋보이지만, 이 '신형 한국인'에게 국가권력에의 복종이 최고의 덕목이 돼야 한다는 점부터 계승성도 확연히 느껴진다. '민족'은 폐기되지만, '대한민국의 번영'을 지킨다는 군에서의 복무를 "진짜 사나이"가 되기 위한 필수불가결의 통과의례로 여기는 군사주의적 사고는 여전하고, '빨갱이'들에 대한 유신 시절의 파시스트적 배제도 점점 부활한다. 대한민국 지배자들은 경제 본위의 개인 생존논리와 군사주의, 그리고 순종주의의 복합체가 저들의 부와 권력의 영원한 뒷받침이 되리라고 믿는 모양이다. 하지만 이제 머지않아 곧 닥쳐올 경제위기의 폭풍이 다수에게 생존의 마지막 희망을 빼앗아 십만 명이 아닌 백만 명이 광장으로 나가게 되면, 저들의 오산이 얼마나 컸는지 알게 될 것이다….

막후의
지배자가
우려하는 것

국내에 메르스(중동호흡기증후군) 불안이 가득 차 있을 때였다. 메르스 사태는 (세월호 참극과 마찬가지로) 한국이라는 국가의 부실성을 만천하에 드러내고 말았다. 반면 시위 진압 기술은 지난 수십 년간 잘 축적돼 최근엔 최루탄을 수출까지 해서 외국에서의 민중 탄압을 돈벌이 기회로 삼고 있다. 대민 억압 이외에 이 국가가 잘하는 게 있을까?

돈이 되지 않는 대형 유행병 대응에 가장 필요한 것은 격리병실을 충분히 갖춘 공립병원들인데, 한국 공공의료의 수준은 산업화된 세계에서는 꼴찌다. 전체 병원 중에서 공립병원은 병원 수 기준으로 6%에 불과하고 병상 수 기준으로도 10% 정도뿐이다. 참고로, 경제

협력개발기구(OECD) 평균 수준은 73%다. 구비돼 있는 시설을 통한 메르스 대응은 미흡하지 않을 수 없었으며, 거기에다 정부의 은폐·무능은 대중의 불안을 더더욱 부추겼다. 부실 국가의 일상이란 바로 불안과 불신이다.

그렇다면 시민들을 유행병으로부터 보호하지도 못하는 국가의 지배층은 무슨 생각을 하고 있을까? 평균의 한국인이 질병뿐만 아니라 실업, 비정규직 양산, 영세업자 줄도산, 걷잡을 수 없는 사교육비와 불안한 노후 앞에서 느끼는 만성적 불안을, 지배자들은 어느 정도 인식하는가? 대응이라도 할 자세가 돼 있는가? 이 물음에 답하기 위해서, 당시 반향이 컸던 홍석현 〈중앙일보〉 회장의 한 강연에 주목했다.

왜 하필 홍석현인가? 그 가계나 현재 위치 차원에서 홍석현은 대한민국 지배층을 사실상 '대표'한다. 그는 (외국인 기자에 의해 '코리안 로열 패밀리'라 불리는) 삼성 재벌 소유주 일가의 일원이기도 하지만, 일제강점기 사법관료 출신인 그의 아버지 홍진기부터 꽤나 유명했다. 홍진기는 4·19 때 이승만 정권의 내무부 장관으로서 시위 유혈 진압을 명령한 죄로 그 후 재판받아 사형을 받았음에도 바로 풀려나 박정희 시대 방송계 주도자로 거듭난 바 있다. 미국 스탠퍼드대학 박사 출신이며, 주미 대사까지 역임한 적이 있는 홍석현은, 한국 사회에서 '최고 엘리트'로 군림할 수 있을 만큼의 배경과 경력을 쌓았다. 그가 2015년 5월 경희대 학생들 앞에서 한 강연에서 그가 속한

계층의 세계관과 욕망이 어떻게 반영되고, 현재의 총체적 위기에 대한 인식과 대응책이 어떻게 제시됐는지 고찰해보자.

홍석현의 연설문을 보다 보면 혹시 일종의 자기분열에 걸린 게 아닌가 싶을 정도로 부분 부분이 서로 엇나간다. 홍석현은 한국 서민들이 지금 직면하고 있는 주요 문제를 인식한다. 청년실업, 비정규직 차별, OECD 최악의 노인빈곤율(45% 이상) 등을 두루 언급했다. 그러나 오늘날 한국에 대한 그의 평가는, "너무나 멋진 나라"라는 것이다. '멋질' 뿐만 아니라 잘하면 "글로벌 리더"(세계적인 지도 국가)가 될 수 있다는 것이다. 최저시급 5580원 알바 일자리들을 대학생뿐만 아니라 취업에 실패한 졸업생까지도 수년간 전전해야 하고, 65살 이상 노인들의 점심 결식률이 7%를 넘는 등 수많은 가난한 독거노인들이 영양실조로 고통을 겪은 뒤 홀로 죽어야 하는 나라가 '멋지다'는 것이다. 도대체 이런 표현을 어떻게 상상할 수 있었을까?

내가 생각해낼 수 있는 유일한 답은, 죽도록 일하느라고 연애할 시간도 가지지 못하는 고학생들과 음식 쓰레기가 넘쳐나는 사회에서 끼니를 굶어야 하는 빈곤 노인들의 세계와, 홍석현의 세계가 그저 서로 그다지 소통이 없는 두 개의 다른 천지라는 가정뿐이다. 동서고금을 막론하고 '로열 패밀리'는 늘 멋진 세계를 사는 법이다. 그러나 저들의 호강이, 가면 갈수록 어려워지는 다수에게 위안이라도 될 수 있을 것인가?

홍석현은, 삶이 팍팍해지기만 하는 다수가 듣고 싶어 하는 용어를 꺼내긴 한다. 양극화, 빈부격차, 중산층의 몰락 등 다수에게 관심사가 될 만한 주제를 두루 언급한다. 한데 그가 진정으로 관심을 쏟는 것은 한국인 다수의 빈곤화보다는, 경쟁 상대로 여겨지는 동아시아 다른 나라 지배자들의 동향이다. 그는 이런 사고방식을 '국익을 위한 국제 경쟁'이라고 항변하겠지만, 사실 비슷한 품목을 놓고 구미권이나 신흥국 시장에서 중-일 업체와 경쟁해야 하는 전자·조선·자동차 수출 대기업의 '비즈니스' 본위의 대외관에 지나지 않을 것이다. 어찌 보면 국제적으로 매우 개방적인 시각을 갖고 있는 것처럼 보이지만, 안을 들여다보면 이웃 나라 서민들에 대한 어떤 관심이나 배려도 없다. 홍석현은 일본 극우정권의 '아베노믹스'를 극찬하지만, 과연 일본 노동자 중에 유럽이나 북미의 어느 나라보다 많은 38%가 비정규직이라는 사실이나, 2010년 실질임금에 견줘 오늘 일본 노동자의 평균임금이 96%에 불과한 점 등 일본 노동자들이 갈수록 가난해지고 있다는 점을 알고는 있는가? 그에게 한국 노동자뿐만 아니라 동아시아 지역의 다른 나라 노동자들 역시 착취 대상 외에 다른 의미가 있을까?

홍석현은 한국의 '진정한 위기'의 핵심을 "과거의 위대함을 재현하는 중국"과 "20년의 잃어버린 시간을 되찾는 일본" 사이에 "낀" 그 중간적 입장에서 찾으려 한다. 사실 이 이야기는 홍석현의 매형 이건희의 그 유명한 '샌드위치론'의 재탕에 가까울 것이다. 그러나 이 '위기'의 극복책으로 제시되는 홍석현의 방안은 과거 삼성 재벌 오너 일가의 발언들과 약간 구별된다. 홍석현은, 한국을 "매력 국가"로 만들자고 제안한다. '매력 국가'라니 참 그럴싸하게 들리는 말이지만, 홍석현이 생각하는 '매력'이 무엇인가에 대한 구체적인 설명을 계속 보면, 최저임금 알바에 매달리면서 곧 졸업과 실업을 동시에 맞닥뜨려야 할 대학생으로서는 아연실색하지 않을 수 없을 것이다. 홍석현은, 4년 전 후쿠시마 참극 이후 외국자본들이 일본을 빠져나왔을 때 그 본사를 서울이 아닌 싱가포르와 홍콩으로 옮겼다는 점을 거론하면서, 외국자본을 끌어들일 만한 '매력', 즉 서울 곳곳에 생기고 있는 "100층짜리 사무실 건물들"을 외국 회사 사무실로 채울 만한 '매력'을 갖기를 주문한다. 외국자본의 눈에 한국을 '매력 국가'로 만들기 위해 홍석현은 아예 거창하게 "제3의 개국"을 부르짖지만, 그가 이야기하는 '개방' 내지 '개국'의 구체적인 내용을 들여다보면 역시 '규제 철폐'가 가장 앞줄에 있다. 과연 대자본의 이 거대망상의 실현에 '재료'가 돼야 할 한국 젊은이들에게, 산업안전 규제가 '완화'돼 백혈병 등 산재들이 횡행하는 공장들이 얼마나 '매력적'일지 나로서는 회의적이기만 하다.

  홍석현은 속된 말로 '꼴통 우파'라 불리는 부류들과는 다를 것이다. 그는 예컨대 최근 보수우파 정권의 대북 정책을 비판하여 "대북 투자 지속"을 외칠 정도의 '개방성'을 보인다. 한국의 지배층은 북한을 보수층 결집용 '위협'으로 계속 남겨둘 것인가 아니면 투자 등을 통해 그 경제적 식민화와 자본화의 가속화를 노릴 것인가라는 문제를 둘러싸고 골수 반북파와 햇볕정책론자들로 갈려 있는데, 홍석현은 후자에 속하는 모양이다. 중국 공산당 역사 속에서 미래를 위한 지혜를 찾아내고, 중국의 동맹국인 북한에 평화적으로 접근하려는 그의 모습에서는, 중국의 시장과 노동력에 올인하고 있는 삼성그룹의 이해관계가 그대로 읽힌다. 그러나 그의 이상은, 공산당이 대기업들을 통제하고 다수의 복지를 늘리려고 하는 중국이 아니다. 그의 이상이자 한국 지배층 상당수가 모델로 삼고 있는 곳은 대자본의 편의에 모든 게 다 맞추어져 있는 싱가포르 같은 국가다. 부자에게 부과되는 세금도 규제도 다 최소화돼 있고 민주노조도 집회나 표현의 자유도 불가능한, 국가의 철권통치가 정확히 자본의 모든 요구를 충족시켜주는 나라, 싱가포르는 저들의 꿈이다. 그러나 저들의 유토피아는 우리에게 디스토피아가 아닐까? 다수의 이익을 희생시키면서 오로지 자신들만의 사리사욕만 채우려는 반사회적인 대자본의 군림을, 우리가 과연 언제까지 참아야 할 것인가?

유사
파시즘의
등장

　요즘 국외 영자신문들을 볼 때마다 항상 눈에 띄는 단어가
'strongman'이다. strongman의 사전적 해석은 '독재자'지만 사실
꼭 유신정권처럼 형식을 다 갖춘 군사독재는 아닐 수도 있다. 아마
도 '실력자'와 같은 번역이 더 정확할 수 있는데, 그런 '실력자'들은
(많은 경우에는 부정 혐의가 짙은) 선거를 통해서 권력을 얻는 절차를
밟더라도 그다음에는 민주주의를 폐지시키거나 형해화하고 안보·
경찰 위주의 체제를 구축해 피치자들의 저항을 차단시키거나 강경
하게 탄압한다. 국내외를 두루 봐도, 요즘 '실력자'들의 철권통치는
신자유주의 세계의 새 유행인 듯 퍼져나간다.

가장 극단적인 경우는 형식적 민주주의마저도 아예 정지시키는 것이다. 예컨대 2014년에 타이(태국)에서 군사정변이 일어나 헌정은 정지됐다. 현재 타이를 철권통치하는 사람은 그 군부의 '실력자'인 쁘라윳 짠오차 장군이다. 정부에 대한 비판은 바로 사법 처리되고 민주주의에 대한 토론 자체가 금지됐지만 이 군사정권이 외국자본에 친화적인 만큼 서방 언론에서 거의 비판되지 않는다. 터키의 레제프 타이이프 에르도안 대통령 같은 경우에는 형식적 민주주의를 철폐시키지는 않았지만, 거의 무력화시켰다고 보는 것이 중론이다. 그 통치 기간인 지난 13년 동안 해고를 당한 비판적 기자만 해도 1863명에 이르고 수십 명은 어용화된 사법부의 부당한 판결로 영어의 몸이 됐다. 형식적 민주주의는 잔존해도, 좌파 등 급진파나 쿠르드 민족운동가의 합법적인 활동은 거의 불가능하게 됐다. 타이가 그 남부에서 이슬람계 소수자들에 대한 유혈 탄압을 가중시키고 있는가 하면, 터키는 쿠르드족 지역에서 군사작전을 펴서 사실상 준내전 상황을 연출했다. 타이나 터키가 다소 강경 권위주의의 경우에 속한다면 헝가리의 빅토르 오르반 정권은 '연성' 권위주의로 불릴 만하다. 매체에서의 '불균형 보도'(즉, 정부에 대한 비판)를 사법 처벌하는 새로운 법을 통과시켜도, 대부분의 매체들이 순응주의적 태도를 보여 굳이 그 악법을 사용할 필요가 아직 없다는 것이다. 타이나 터키는 소수자에 대한 유혈 전쟁을 진행하지만, 헝가리는 피난민들을 '공적'으로 지정해 그 입국을 무조건 불허한다. 어떤 형태로든 간에

'실력자' 통치에 '적'이 꼭 필요한 것이다.

세계 체제 차원에서는 타이도 터키도 헝가리도 준주변부에 속한다. 즉, 제조업 위주의 산업경제를 가지고 자동차나 전자제품 등의 수출에 의존하면서도 특히 금융 부문 등에서는 핵심부(구미권과 일본) 외자에 종속돼 있다. 준주변부 국가 대부분은 최근에 신권위주의로 이행하고 있는 모습을 보이지만, 그들의 경제를 좌우하는 핵심부 국가들에서도 권위주의적 극우정치가 기승을 부린다. 빅토르 오르반의 헝가리는 트럼프가 생각하는 "위대한 미국"이나 극우정당 '국민전선'의 당수인 르펜이 생각하는 "새로운 프랑스"의 청사진이 된다. 타자나 소수자 배제를 통한 "국민적 총화단결", 좌파에 대한 강압적 무력화와 계급투쟁의 원천 차단, 국가주의적 "전통적 가치"를 중심으로 한 공론장의 강압적 재편 등은 준주변부에서도 핵심부에서도 지배계급의 상당 부분이 지향하는 "새로운 질서"의 특징으로 거론된다.

준주변부의 상층에 속하는 한국은, 최근 준주변부 전체의 재권위주의화의 한 전형을 보여준다. 우리는 흔히 이명박·박근혜의 민주주의 파괴를 국내적 현상으로만 이해하려 하지만, 사실 하나의 국제적 현상의 일부분으로 파악하는 것이 더 정확할 것이다. 정도의 차원에서 논하자면 한국에서의 민주주의 파괴와 재권위주의화는 아마도 터키와 헝가리 사이의 중간적 수준에 해당할 것이다. 즉,

― 비록 (아직까지?) 실전을 벌이지는 않지만, 정권이 주도해온 대

북관계의 악화가 군사적 동원 분위기의 상시화를 통한 보수층 결집을 가능케 한다.

― 비록 (아직까지?) 형식적 민주주의를 정지시키지 않았지만, 국정원 선거 개입 사태나 통진당의 법적 해산이라는 노골적 폭거는 민주주의의 극적 형해화를 의미한다. 급진파의 일부가 국가 탄압을 당하고 주류 야당도 정보기관의 협조(?)까지 보장받는 여당과 경쟁해야 하는 상황을, 아무래도 '민주주의'로 명명하기는 힘들다.

― 비록 (아직까지?) 표현 자유의 공간은 어느 정도 남아 있지만, 연세대 황상민 교수의 '생식기 발언'과 관련된 것으로 보이는 해임 등은, 급진적 비판은 아니더라도 '최고 존엄'에 대한 그 어떤 '불경'도 결코 용납하지 않는 신권위주의 체제의 윤곽을 여실히 보여준다.

― 비록 (아직까지?) 결사와 집회의 자유 자체가 철회되지는 않았지만, 각종 집회 주도자나 참석자에 대한 투옥이나 벌금형 부과 등의 부당한 탄압, 한상균 민주노총 위원장의 체포, 전교조의 법외노조화 등이 상징하는 극심한 반노동적 태도는 피치자들의 그 어떤 투쟁도, 나아가서 그 어떤 자율성도 허용하지 않으려는 태도를 웅변적으로 과시한다.

한마디로 이야기하면, 1930년대의 그 흔했던 파쇼정권들과 달리 형식적 민주주의의 '해골'은 남아도 그 생명이 꺼져가는 것은 타이나 터키나 한국이나 마찬가지다. 한국은 타이와 달리 최근 군부정변을 겪지 않았다 해도, 또 터키와 달리 국내 소수자들과의 열전을 감행하는 상황은 아니더라도 본질상 타이, 터키, 한국의 상황이 유사하다고 볼 여지는 있다.

1930년대 파쇼화돼 갔던 유럽과의 또 한 가지 차이점이라면 민간 '운동'으로서의 파시즘의 성격이 상대적으로 결여됐다는 점이다. 한국에는 어버이연합도 일베도 있지만, 그 전투성이나 동원 규모의 차원에서는 독일이나 이탈리아의 '고전적' 파시즘과는 비교가 불가능하다. 1930년대 유럽의 파시즘은, 전통적 엘리트에 대한 신뢰를 잃은 극우적 중산층 중·하층의 대대적인 반좌파적이면서도 반엘리트적인 반동운동이었다. 한데 터키나 타이, 한국의 신권위주의 정권들은 그 나라들의 전통 지배세력들(대자본, 군부, 관료층)을 대변하면서 나아가서 핵심부 자본에도 매우 친화적이다. 박근혜 정권 같으면 국내외 재벌들의 정권이라 해도 어폐가 없으리라고 본다. 1930년대의 파시즘에서는 '아래로부터의 반동운동'으로서의 측면도 있었지만, 한국을 비롯한 여러 나라들의 신권위주의는 철저하게 '위로부터의 사회재편'에 해당한다. 신권위주의적 안보·경찰 국가가 복지 증진 등을 거의 하지 않은 채 기업의 세금을 깎아주는 등 기업 일변도의 의제를 관철시키는 것부터 주목해야 할 것이다. 대기업들을 오히려 전체주의 국가에 종속시키려 했던 '고전적' 파시즘과 사뭇 다른 태도다.

사실 대기업의 이해관계야말로 '실력자 시대'의 기원과 의미의 이해에 있어 관건이 된다. 터키도 타이도 한국도 1990년대 초반 거의 같은 시기에 형식적 민주주의로 이행했는데, 그 당시에는 그런 이행이 대기업들의 이해관계에 그렇게까지 해롭지 않다는 기대심리가 팽배했다. 기업들은 구미권 자유주의 패턴대로의 '안정적 정국 운영', 즉 자산계급 헤게모니의 안정적 공고화를 기대했으며, 지속적 성장 속에서 사내 복지 등의 방식을 통해 적어도 일부 고숙련 노동력의 포섭, 즉 제한적이며 시혜적이지만 나름의 재분배 정책도 가능한 것으로 여겼다. 내수 증진과 기업을 위한 '사회 안정화'에 기여하리라고 봤기 때문이다. 그런데 1997~1998년 아시아 경제위기를 지나 준주변부 신자유주의화가 본격화된 후에 준주변부 국가 총자본의 계산이 확 달라졌다. 포화돼가는 세계시장에서 저임금 국가 제조업과 어렵게 경쟁하면서 떨어져가는 이윤율을 맞이하는 상황에서는, 준주변부 대기업들과 관료층은 제한적 재분배가 아닌 신권위주의적 대내외 '적 만들기', 동원 분위기 조성, 강압통치를 통한 '국민 결집'을 노리게 됐다. 박근혜 정권이라는 정치 괴물은, 결국 이렇게 해서 태어났다.

하지만 철권통치로는 당분간 반대자의 입을 막을 수는 있어도 '헬조선'에서의 삶에 지친 다수의 배를 채울 수는 없을 것이다. 결국 머지않아 신권위주의는 피해자 분노의 새로운 폭발을 낳게 될 것이다.

3부

씨줄과
날줄:
병영국가, 민족주의, 식민성

박정희 시대,
'기적'은
없었다

"역사란 과거로 투영된 현재의 정치다." 소련시대 마르크스주의 사학자 미하일 포크롭스키(Mikhail Pokrovsky, 1869~1932)의 이 말은, 특히 전통적으로 역사인식이 강한 동아시아에서 실감난다. 이웃 나라 사례부터 보자면, 유럽 극우들은 유럽 바깥으로부터의 이민 등 현실적 문제들을 의제화하곤 하지만, 일본 극우들은 일본의 현실적 재무장의 명분을 얻어내기 위해 역사 속의 위안부 강제 연행을 부정함으로써 일본 군대의 '실추된 명예'를 되찾으려 하지 않는가?

한국은 어떤가. 현실 속의 불황이 깊어지면 깊어질수록 '찬란한 산업화 시대'에 대한 복고주의적 열기가 뜨거워진다. 지금 집권세력인 강경우파들부터 박정희 신드롬을 대통령 만들기에 활용했다. 국정 경험도 업적도 거의 없는 사람이 '박정희 딸'이란 이유로 상당한 득표력을 보였으니 이 신드롬의 힘이 크게 작용했을 테다. 지속적 불안과 새로운 가난의 시대에 이제는 강경우파 이외의 정치세력마저도 박정희 신드롬 활용에 가세한다. 유신 시절에 구속을 당한 적이 있는 주류 야당의 대표가 박정희 묘역에 참배한 거야 예상할 수 있는 일이었다. 중도보수 야당인 만큼 보수층의 보편적인 정서인 박정희 숭배를 거역할 수 없었을 것이다. 한데 급진좌파인 노동당 안에서까지도 박정희 시절의 계획경제 요소(5개년계획) 등을 인정해주어야 한다는 목소리가 들릴 정도니, 박정희 신드롬은 생각 이상으로 광범위하고 복잡다기하다. 따라서 박정희 시대의 의미에 대한 본격적 고찰을 한번 해야 할 것이다.

역사가 정치적 명분의 모색을 넘어 과학이 되자면 일단 공과 과를 기계적으로 계산하는 따위의 방법을 뛰어넘어야 한다. '독재는 잘못이지만 경제발전만큼 잘했다'는 식의 평가는 과학적 방법과는 아무 관계가 없다. 과학으로서의 역사는, 일국사 안팎의 여러 맥락들을 고려해서 한 시대의 역사적 의미를 종합적으로 파악하는 것이지, 인물에 대한 포폄을 위한 공과의 계산에 있지 않다. 인물의 공과 평가는 한 시대의 근본적 성격에 대한 이해에 따를 뿐이다.

박정희 시대의 근본적 성격이란, 병영국가와 자본의 본격적 성장기였다는 것이다. 이런 성장을 박정희의 공로로 돌리면 안 된다. 세계 자본주의 황금기(1950~1970년대) 시대인 박정희 시절에는 동아시아 전체가 세계시장과 연동돼 미증유의 성장을 경험했기 때문이다. 1960~1989년 사이 한국과 대만의 평균 연간 1인당 국민소득 성장률을 보면 거의 차이가 나지 않는다(각각 6.82%와 6.17%). 한국의 고속성장은 당시 자본주의적 동아시아 국가로서 전형적인 모습이었을 뿐이다. 그렇다면 세계 자본주의 황금기에 동아시아만 성장했는가? 그렇지 않다. 예컨대 같은 시기 핀란드의 평균 총국민생산 성장률은 약 5%에 이른다. 초고속성장까지는 아니더라도 공업화와 도시화의 과정은 거기에서도 (그러나 보다 느린 템포로) 이루어진 셈이다.

진보의 일각에서 박정희 시대의 국가자본주의적 요소(경제계획, 국가 주도의 금융, 사실상의 보호무역 등)를 칭찬한다. 그런 요소가 없었다면 개발이 불가능했으리라는 가정까지는 맞다. 그렇다면 같은 시대의 다른 동아시아·남아시아 자본주의 국가들은 국가 주도 개발 전략을 쓰지 않았던가? 국제자본의 흐름에 의존할 수밖에 없는 싱가포르도 지금까지 인구의 85%가 국유지에 국가가 지은 저가 주택에서 살고 있다. 국가의 경제개입이 상당히 광범위했던 것이다. 과연 아시아만 그랬는가? 신자유주의 시대 도래 이전에는 유럽을 포함한 자본주의 세계 곳곳에서 국가의 보호관세 활용이나 관제금융, 국가의 대기업 소유 등을 자주 볼 수 있었다. 예컨대 노르웨이의 경우, 신자유주의가 한창 진행된 2001년에 와서도 전체 공업자산 중 국가 지분의 가치가 약 45%에 가까웠다. 1960~1970년대에 노르웨이 공업화는 국가 투자가 주도했다. 박정희의 국가 주도 개발은 예외라기보다는 자본주의 황금기의 보편에 가까웠다.

박정희가 기적을 일으켰다기보다는 냉전기에 미국이 주는 각종 특혜(특히 유리한 조건으로 제공되는 차관과 보호무역에 대한 미국의 묵인)를 이용해가면서, 그 당시로서 정상적이었던 방식(국가 개입)으로 예사로웠던 경제성장의 효과를 봤다. 물론 한국의 명목상 성장률은 (비록 동아시아에서는 그렇게 높아 보이지 않지만) 세계적 잣대로 봐서는 상당히 높았다. 공업화가 거의 되지 않은 지점에서 출발했고, 국제은행들의 차관 등 외부의 투자도 많이 받은 점이 영향을 미쳤다. 특히 내수가 아닌 수출이 주도한 성장이라는 점도 크게 작용했다. 수출 주도의 성장은 비록 빠르긴 하지만 그런 모델이 경제구조에서 일으키는 심각한 불균형(수출 대기업과 그 하도급 기업으로 이루어진 이중 경제구도, 구조적인 저임금 강요 등)은 나중에 거의 치유되지 않는다. 그만큼 차후적으로 지급하는 '대가'가 크고, 한국은 지금도 이 '대가'를 꾸준히 지급하고 있는 중이다.

극심한 저임금 노동의 착취로 '기적'의 성장률이 달성됐지만, 경제가 커가는 동안 병영국가의 폭압 아래 놓인 사회는 진화되지 못했다. 일제 말기와 한국전쟁 전후 시절을 관통하는 핵심어는 '국가폭력'이었는데, 이 폭력은 다소 제도화된 모습을 띠면서 그 폭압성의 정도를 오히려 더하게 됐다. 1950년대의 한국 군대에서도 이미 일제 시대 군대를 방불케 하는 잔혹 행위들이 버젓이 자행됐지만, '병영

기피 박멸'을 자랑했던 유신시대에 이르러서는 그런 잔혹 행위를 뼈대로 하는 반인간적인 병영'문화'가 거의 고착되고 말았다. 베트남에서 각종 민간인 학살을 벌이곤 했던 군 장교들이 나중에 1980년의 광주에서 그 '솜씨'를 과시하는 등 병영국가를 뒷받침해온 것은 군사주의적 광기였다. 경제는 성장했지만, 사회의 시계추는 거꾸로 가는 것만 같았다. 중앙정보부 창설 이후에는 거기에서 일제 시절의 고문기술이 그대로 부활, '발전'됐으며, '오작교 작전'과 같은 해외 체류 중인 정권 비판자에 대한 납치 공작은 거의 일제 경찰들의 중국에서의 독립운동가 납치 작전을 연상시켰다. 사이렌이 울리고 모든 행인들이 일제히 멈추어서 국기하강식에 강제로 참여해야 했던 것은, 비록 일제시대의 궁성요배를 그 모태로 하지만 이와 같은 규모와 빈도는 일제시대에도 찾아볼 수 없을 정도였다. 커져가는 경제는, 일제 말기 이상으로 치밀하고 철저한 전체주의 국가를 뒷받침했다. 박정희의 '케인스주의'를 찬양하는 자칭 진보인사들은 이 부분까지 과연 고려에 넣는가?

과학으로서의 역사의 중요한 방법론은 비교론이다. 자본주의 황금기의 국가 주도 성장의 보편적 특징은 복지제도의 정비였다. 경제를 주도하고 성장을 이끌어내는 국가가 성장으로 생기는 잉여를 활용하여 펼치는 복지라는 재분배 메커니즘을 통해 다수의 피지배 인구를 경제적으로 포섭하는 셈이었다. 한국과 크게 다르지 않게 농업경제에서 공업경제로 이동하고 있었던 핀란드는 이미 1950년대 후반에 보편적 국민연금을 창설하고 1970년에 무상의료를 도입했다. 군이 북유럽이 아니더라도 1960~1970년대는 복지주의의 중요한 도약기였다. 한국과 여러모로 비교가 가능한 대만에서 노동자에 대한 사회적 보험의 도입은 이미 1958년에 이루어졌다. 비자본주의적 발전의 길로 갔던 북한에서는 이미 1960년에 무상의료와 무상교육이 도입됐다. 한데 박정희의 한국은, 이미 이승만 시절 막바지에 도입된 공무원연금 이외에는 거의 복지의 황무지였다. 박정희는 복지를 통한 포섭이 아니라 일제 말기나 만주국과 같은 방식의 무력동원과 폭압, 국가주의적 규율화를 선호했다. 한국 정도의 병영화를, 대만이나 싱가포르에서 과연 볼 수 있었는가?

'한강의 기적'은 없었다. 박정희라는 희대의 기회주의자가 당대의 세계적 경제흐름을 잘 타서, 태평양전쟁 총동원기와 같은 방식으로 자신의 종신집권을 꾀했다가 실패했을 뿐이다. 수출 의존과 군사주의적 국가, 재분배의 부족과 같은 박정희의 유산들은 우리 발목을 오랫동안 잡을 것이다. 박정희의 영웅화보다는, 광기가 난무했던 국가 폭력 시대의 국내외 피해자에 대한 보상과 배려가 시급하지 않을까 싶다.

〈국제시장〉,
전체주의 미학의
향연

완벽하게 객관적인 역사 서술이란 아마 불가능할 것이다. 만인에게 일어나는 수많은 일들 중에서 '가장 중요하다'고 판단한 몇 가지를 뽑아 어떤 서술의 틀로 묶어준다는 것은 이미 취사선택과 설명의 주체, 그리고 그 주체의 어떤 입장을 전제로 하기 때문이다. 주체가 살아가는 삶 안에는 이미 정치가 녹아 있기에 역사라는 서사는 늘 정치적이다. '나'가 타자에게 '나'와 같은 삶을 살며 같은 정치적 입장을 취하라고 요구할 수 없기에 서술 주체들의 다양성만큼 역사 서술도 당연히 다양해야 한다. '나'가 아무리 진보를 내세운다 해도 보수적 역사 서사의 존재를 인정하는 것은 민주사회에서 당연하다. 그러나 다양성을 존중해주는 사회가 성립되자면 한 가지 조건이 충족돼야 한다. 아무리 자기 입장대로 역사를 서술하더라도 노골적 사실 왜곡이나 자명한 가해-피해 관계에 대한 도외시를 금기로 해야 한다는 것이다.

진보적 역사 서술이라 해도, 당연히 과거의 불편한 면면들을 자성적으로 이야기하는 게 맞다. 예를 들어 보도연맹 학살 등 한국전쟁 시절 한국 정부의 국가범죄나 반인권적 연좌제 운영 등을 이야기하면서, 좌파진영 내지 북한 인민군도 우파인사뿐만 아니라 그 가족까지 희생시키는 등 사실상 연좌제를 실행하는 경우들이 있었다는 점 역시 인정해야 한다. 또한 예컨대 1990년대 말까지 이어져 온 정부 보안기관들의 정치범 고문을 이야기하면서, 반대편에 1997년도까지 일각의 운동권 학생들이 벌이곤 했던 '프락치 용의자' 폭행·치사 사건도 언급하는 게 옳다. 병영국가에서는 저항자들의 인권의식 수준도 결코 군사문화의 야만성이 만들어낸 '평균'을 넘지 못했다는 사실을 인정해야 모든 이들의 인권 감수성이 성장할 수 있기 때문이다. 진보의 역사도 자성적이어야 하는데, 보수의 역사 서술에도 똑같은 기준을 적용하는 게 맞을 것이다.

그러나 흥행에 크게 성공한 〈국제시장〉이라는 영화를 보면, 자성은커녕 남한 주류에 불리한 것은 사실관계조차 인정하지 않으려는 태도가 역력히 보인다. 엄청난 예산을 들여 할리우드를 능가하는 듯한 기술과 특수효과를 자랑하는 영화지만, 내용적으로는 1970년대

국책영화가 부활된 듯한 느낌을 지울 수 없다. 이 영화의 영어 제목은 Ode to My Father, 즉 '나의 아버지에 대한 찬가'인데, '찬가'라는 말이야말로 이 영화의 기본코드를 정확하게 표현한다. '영웅찬양' 코드의 북한 시각문화와 교묘하게 상통하는 부분마저 있는데, 이 찬가 속에서 역사의 불편한 진실도 피해자들의 고통도 다 망각되어 사라진다는 것은, 제국주의 전쟁과 권위주의적 자본주의의 잔혹한 역사가 다시 되풀이될 가능성을 높일 뿐이다. 반성하지 않는 역사는 반복된다는 진리를, 우리는 이미 잊은 것인가?

〈국제시장〉의 주인공 덕수는 무일푼의 실향민 자녀에서 부산 국제시장에서 잡화점을 운영하는 중산층으로 성장한 '승자'다. 그가 키운 아이들은 해외여행을 즐긴다. 〈국제시장〉은 그의 '인간승리'에 바쳐진 찬가다. 그러나 이 승리는 덕수 개인만의 것도 아니다. 그는 계속해서 대한민국이라는 국가의 축소판이자 상징으로 등장된다. '힘없는 약소국'인 대한민국 대통령의 계속 싸우겠다는 의지를 무시해 미국이 정전협정을 맺었다는 소식이 라디오로 퍼져나올 때, 미군들이 던진 초콜릿을 먹어야 하는 힘없는 '소년 구걸자' 덕수도 덩치 큰 아이들에게 얻어맞고 있다. 이와는 반대로, 꿈속에서 전쟁통에 잃은 아버지로부터 인정을 받아 진짜 '아버지'가 된 덕수는, 창문을 통해 국제공업도시가 된 부산을 바라본다. 덕수가 '아버지'로 성장하는 동시에 대한민국이 (고등학생들로부터 인종주의적 모욕을 감수해야 하는) '개도국' 외국인 노동자를 끌어들이는 '중진국'으로 성장했다는 것은 이 영화 이야기의 뼈대다. 이런 의미에서 아내와 논쟁하다가도 국기하강식 경례만큼은 꼭 챙기는 덕수는 상징적이다. 그러나 한 개인을 국가의 분신으로 만들고 국가의 한 '분자'만으로 만든다는 것은 바로 전체주의 미학의 기본 아닌가? 화려한 옷을 입고 다시 등장한 박정희 시대 식의 국책영화가 '국민영화' 대우를 받는 상황은, 나로서 섬뜩하기만 하다.

국가와 개인이 일체화되면 늘 벌어지게 되는 가장 무서운 일이 개인이 국가가 하는 일에 대해서 어떠한 자율적·독립적·비판적 평가도 못하게 된다는 것이다. 국가로부터 정신적으로 독립해야 비판도 가능한데, 〈국제시장〉이 보여주는 '아버지' 위주의 세계에서 국가라는 초(超)가부장으로부터의 독립은 상상조차 불가능하다. 이와 같은 무비판성은, 베트남 파병과 관련된 부분에서 절정에 달한다. 덕수는 베트남에 기술자로 간다는 것을 오로지 '위험한 돈벌이' 정도로, 광부와 간호사들의 파독의 연장쯤으로 인식하지만, 그 돈벌이 이면에 대해서는 그도, 그를 영웅화시키는 영화의 제작자도 고민한 흔적이 전혀 보이지 않는다. 영화에 베트콩이 미군 기지에 폭파 '테러'를 저지르는 장면은 나와도, 미군이 베트남 마을들을 초토화시키는 장면은 없다. 한국 군인들이 베트콩을 두려워하는 베트남 농민들을 살려주는 구세주로 설정돼 있는 지점에서, 이는 어떤 이념적 입장인가를 넘어 특히 베트남에서 지금도 생존해 있는 한국군 잔혹행위의 피해자와 그 가족들에게 2차 가해로 느껴질 수밖에 없을 것이다. 영화에서 한국 파월군의 미화는 한국에 대한 일종의 '제국화' 경지에 근접한다. 영화 서사의 시발점에 해당하는 미군에 의한 흥남철수와 쌍을 이루는 것이 바로 한 베트남 마을의 부두에서 벌어진 한국군에 의한 베트남 민간인 구출 및 철수 작전이다. 영화의 논리 차원에서는, 한국군이 미군의 '민간인 구제'를 본떠 행함으로써 한국이 일종의 '제2 미국', 하나의 '아(亞)제국'이 되는 것이다. 덕수의 여동생이 미국에 입양 가듯, 한국군이 '구출'한 베트남 여성은 한국으로 시집가기도 한다. 제국주의적 전쟁의 본질을 흐리고 국가범죄를 은폐시킬 뿐아니라, 이 서사는 매우 강력한 '아(亞)제국적 욕망'을 드러내고 있다. 역지사지의 차원에서 볼 때, 베트남 사람들이 이런 장면을 본다면 어떤 느낌이 들까?

〈국제시장〉은 가해자 입장에서 해석된 국가의 역사(國史)이자 가족사다. 〈국제시장〉에서 보이는 국가의 상은 비판이 원천적으로 불가능한 '절대선' 그 자체지만, 그 이상으로 개개인의 모든 삶을 '가족'이 전적으로 규정한다. 아이 뒷바라지로 일관되는 어머니는 지고지순하고, 선장의 꿈을 접고 가족에게 보탬이 되려고 독일로, 베트남으로 가서 자기 신체까지 희생하는 장남은 효자답고, 결혼하기 전에는 장녀로서, 혼인하고 나서는 아내로서 부모나 남편, 아이를 위해 전적으로 희생을 하는 영자는 부도(婦道) 그 자체고, 장난꾸러기 여동생 역시 전형적 '아이' 노릇을 하고… 권위주의적 자본주의 속에 녹아버린 유교적 가부장주의가 가족 구성원 각자에게 부여한 전

156

형화된 역할들은 보이지만, 이 영화의 등장인물들은 어떤 독립적 내면세계를 가진 '개인'으로서는 거의 자신을 드러내지 않는다. 물론 그들에게도 각자 나름의 자기만의 세계는 있겠지만, 이 영화는 오로지 그들에게 '효도'와 '부도'가 부여한 역할만을 펼쳐 보인다. 이런 전체주의적 방식으로 짜인 영화가 '대한민국 국민영화'로 대접받는 다면, 우리는 참 위험한 사회에서 산다고 이야기할 수밖에 없을 것이다. 영화가 보여주는 국가와 가족과 개인의 관계가 민주나 인권과는 어떠한 관계도 없기 때문이다.

〈국제시장〉은 단순히 보수적 입장에서 만들어진 한국 현대사 서사라기보다는, '국익'과 '가족'의 신성한 이름으로 합리화되는, 경제적 '성취'를 무조건 우선시하는 만큼 개인의 독립적 개성이나 인권을 소거시켜버리는 극우적 사고방식을 현대적으로 포장하여 다시 유포시키려는 하나의 시도라고 봐야 할 것이다. 이 영화는 또 박근혜 시대의 퇴행적 지배층이 선호하는 국가관이나 개인관이 무엇인지 극명하게 보여준다. 이에 맞서 밑으로부터의 역사, 피해자 본위의 역사 서술을 쓰는 것이야말로 우리의 몫이다.

뉴라이트들의 역사:
출세주의와
굴종의 교과서

　내 앞에 별로 두껍지 않은 복사본 한 부가 놓여 있다. 미국 프린스턴대학을 방문했을 때 그 도서관에서 복사한 이승만의 박사학위 논문이다. 〈미국의 영향을 받은 전시 중립 개념〉이라는 제목의 논문으로 이승만이 1910년에 학위를 받았다. 공교롭게도 같은 해에 대한제국이 강점당했는데, 요즘의 석사 논문 분량(도합 115쪽)인 이 박사학위 논문에서 '코리아'라는 국명을 찾는 것은 허사다. 1910년이면 러일전쟁 때 고종의 전시 중립 선언이 결국 일본의 강압으로 무효화된 지 불과 6년 후라 생생히 잘 기억했을 터인데, 이승만에게 자신의 출신 국가는 문턱 높은 프린스턴대학의 연구 대상이 되기에는 참으로 하찮게 보였던 모양이다. 이와 대조적으로 미국에 대한 서술은 찬양조다. "미국의 독립선언은 만국의 평화를 증진시키고 무역의 자유를 장려하고, 특히 전시 중립의 권리와 의무 등과 관련하여 국제법의 원칙들을 확장시킬 새로운 국가의 탄생을 알렸다."(14쪽) 참, "만국의 평화를 증진시키는 미국", 이건 아부치고도 좀 심한 게 아닌가? 이승만이 이 글귀를 적었던 1910년이면, 1899년부터 미국에 강점당한 필리핀에서는 아직도 빨치산들이 정복자들과의 혈전에서 피를 흘리고 있을 때였다. 국제사정에 유독 밝았던 이승만이 이를 모를 리가 있었을까?

그러나 젊은 날의 이승만에게는 필리핀의 빨치산뿐만 아니라 조국의 빨치산들도 이질적인 존재들이었다. 이승만은 1908년 대한제국의 강점에 적극 협조한 미국 외교관 더럼 스티븐스를 저격한 장인환(1876~1930), 전명운(1884~1947) 두 독립운동가를 위한 법정 통역을 거절한 바 있다. "기독교인으로서 살인자를 변호할 수 없다"는 것이었는데, 이게 핑계일 뿐이었다는 점은 쉽게 알 수 있다. 그가 기독교 평화주의자였다면 왜 그 학위 논문에서는 예컨대 미국의 플로리다 세미놀족에 대한 침략 전쟁을 "필요한 전쟁"이라고 긍정적으로 묘사했을까?(46~47쪽) 그저 루스벨트 대통령과 친할 정도로 영향력이 있는 백인을 사살한 두 '유색인종'이 부담스러웠을 뿐이었다. 그는 그런 '테러리스트'가 연상되지 않는 '명예백인'이 되고 싶었으며, 바로 이와 같은 이유로 1909년 안중근(1879~1910)의 의거마저도 비판적으로 봤다. '코리아는 테러리스트들의 민족'이라는 이야기가 미국 신문을 채우면 자신과 같은 젊은 기회주의자들의 주류 사회 편입이 어려워진다, 이것이었다.

기회주의 정신과 함께 그 당시 미국에서의 이승만에게 보였던 또한 가지 특징은 출세를 위한 일이라면 수단과 방법을 가리지 않는 놀라운 수완이었다. 예컨대 그의 박사학위 논문의 주석과 참고문헌을 보면, 영어 저서뿐만 아니라 프랑스어, 심지어 이탈리아어(!) 저서까지도 눈에 띈다. 이승만은 옥중(1899~1904년)에서 영어 공부에 열중했으며, 미국에서의 길지도 못한 유학생활에서 늘 아르바이트 등에 시달렸다. 그 와중에 난삽하기 짝이 없는 국제법 저서를 프랑스어로 쉽게 읽을 정도로 프랑스어를 스스로 공부했을 리가 만무하다. 또 조지워싱턴대학(학사)이나 하버드대학(석사) 등에서의 성적표를 보면, 프랑스어를 공부했다는 사실은 어디에도 나타나지 않는다. 그러면 기존의 영어 개설서를 대충대충 베껴가면서, 본인이 제대로 읽지도 못한 책까지 참고문헌에 집어넣는 날림공부로 동포 사이에 '박사님'으로서의 권위를 얻으려고 했다고 결론을 내야 할 듯하다. 물론 오늘도 출세 일념으로 구미 유학 장도에 오르는 이들이 비일비재하니 굳이 이승만이 특별했다고 보기는 힘들다. 특별했다면 '성공'의 가도를 달리는 그 오기 정도였을까?

이 비범한 기회주의자가 나중에 여러 가지 인연과 계기들의 조합으로 미국의 군사보호령으로서의 남한에서 대통령에까지 올랐으니 보수적 사학은 그를 철저하게 '재탄생'시키게 된다. '교학사 교과서' 부류의 뉴라이트 계통의 서적들을 보면 알듯이, 그의 젊은 날의 곡학아세, 백인 주류 사회에 대한 아부적 태도, 적극적 독립운동에 대한 적대감 등은 간데없고, 오로지 '애국의 화신, 대한민국의 국부'만 남은 것이다. 북한에서의 김일성 못지않게, 그는 '민족의 태양'쯤으로 거듭난다. 실은 1950년대에 그에게 아부하는 지식인과 언론들이 그를 바로 그렇게 부르기도 했다. 그럴 위치에 있는 사람들에게야 1950년대가 황금기였지만, 일반인에게는 이승만 치하가 영화 〈오발탄〉에서 묘사된 것 같은 궁핍과 절망감으로 기억된다.

그렇다면 뉴라이트들이 다수의 역사 기억의 지형도까지 무리하게 무시하면서 이승만과 같은 수준의 인물을 거의 북한식이다 싶을 정도로 신격화하는 이유가 무엇인가? 다수의 한국인에게 오점이라고 인식되지 않을 수 없는 박정희 등의 친일 경력을 합리화하고, 오늘날 젊은이들에게 감옥으로밖에 안 보일, 경찰이 자로 치마 길이를 재던 유신 시절을 찬양하는 이유는 무엇인가? 누가 봐도 무리의 극치지만, 사실 뉴라이트 식의 역사 왜곡에는 아주 철저한 논리가 관철돼 있다.

기존 한국사 교과서라 하더라도 국가와 자본주의 본위로 쓰인 것은 마찬가지다. 자본주의 국가로서 대한민국의 '건국과 성공'은 기존 교과서에서도 역사 서사 전체의 당연해 보이는 귀결이다. 그렇다면 왜 뉴라이트 집단이 교학사 교과서를 내놓는 등 역사교육의 국가주의적·자본주의적 편향을 더 심화시키려 하는가? 답은 아주 간단하다. 뉴라이트 입장에서는 기존 교과서에 어느 정도 반영되지 않을 수 없었던 한국인의 반제국주의적·반항적 집단 심성이 큰 장애물인 것이다. 일제 등 외세의 침략에 대한 피해의식이 아직도 강한 한국인으로서는, 나중에 미국 대통령이 될 프린스턴대학의 총장 윌슨 등의 미국 유력자들에게 아부하면서 자신의 진로를 모색하는 도미 시절의 이승만이나 만주군 시절의 박정희보다는, 이승만이 경멸한 장인환이나 안중근이 훨씬 더 존경스럽다. 그들이 '살인자'라서라기보다는, 장기투옥이나 사형을 각오하면서 단행한 그들의 행위가 궁극적으로 살신성인에 해당되기 때문이다. 마찬가지로 이승만보다 4·19 때 총탄에 맞을 위험을 무릅쓰고 이승만 독재의 악몽을 끝내려는 일념으로, 자신만이 아닌 모두의 행복을 위해 거리로 뛰쳐나온 학생들이 더 큰 존경을 받는다. 애타적 정신이 담긴 집단행동 말고 외세에의 굴종과 독재로 얼룩진 역사를 바로잡을 방법이 없다는 것을, 다수의 한국인은 경험적으로 잘 알고 있다.

한국인의 집단의식을 '교정'하려는 것이 뉴라이트 역사운동의 뼈대다. 그들은 '민족주의와의 투쟁'이라는 미명하에 민족주의뿐만 아니라 개개인의 그 어떤 대타적이며 반항적인 연대의식도 부정하고, 원자화된 개인들의 체제 순응과 출세를 위한 분투를 새로운 대한민국의 이상으로 삼는다. 반제 민족투쟁뿐만 아니라 계급투쟁이나 여성해방투쟁, 반전투쟁도 똑같이 무용지물로 취급한다. 퀘이커 함석

헌은 민족주의자라기보다는 차라리 세계주의자였지만, 한국 지식인으로서는 매우 드물게 베트남 파병을 반대하고 제자들의 병역거부를 지지했는데, 그가 과연 뉴라이트들에게 평가 받을 일이 있겠는가? 천만의 말씀! 그는 일제든 대한민국이든 부당한 국가권력과 계속 대립해왔지만, 뉴라이트의 이상은 국가와 자본의 틀 안에서 '합리적인' 출세와 치부를 꿈꾸는 자본가형 인간이다. 이러한 인간에게는 '민족'뿐만 아니라 가정 이외의 모든 집단 내지 타자들은 단지 이용 대상에 불과하다. 단, 그의 부를 지켜주고 그의 성공을 보장해줄 국가에는 철저하게 순종한다. 유신시대 전체주의 국가라 해도 상관없다. 이 국가의 맨 꼭대기에 히로히토가 있든 노망이 든 '박사님'이 있든 상관없다. 외세든 무엇이든 노동자를 착취할 '자유'를 빼앗을지도 모를 빨갱이만 막아주면 된다!

'역사'의 탈을 쓴 신자유주의적 세뇌는 과연 한국인들에게 먹혀들 것인가? 나는 그렇게 되지 않으리라고 본다. 이승만과 박정희가 세운 체제는 다수의 한국인들에게 '성공'은커녕 이제 단순한 생존도 보장하지 못하며, 갈수록 그 한계를 노출한다. 그 체제가 위기에 빠져들면서 뉴라이트의 '역사학'도 동반 침몰할 것이다.

'민족'
이후의
민족?

　나의 전공은 사상사다. 그중에서도 최근 주로 공부해온 것은 민족
주의 관련의 사상적 흐름이다. 그런 공부를 해온 차원에서, 최근 한
가지 변화를 감지하게 됐다. 1990년대 말까지 한국에서 '민족'에 대
한 거리 두기는 좌파의 일각에서만 가능했다. 식민지 시대 마르크스
주의자들은 대개 민족혁명을 사회주의혁명의 필연적 전 단계로 설
정하면서도 민족을 혈연공동체라기보다는 자본주의 시대의 구성물
로 생각했으며 민족주의의 위험성을 경계했다. 반대로 우파는 (단일
민족이라는 말을 최초로 사용한 이광수처럼) '우리 민족'을 신비화하거
나, 일제와 타협할 경우 일본 민족주의의 자장에 편입되곤 했다. 그

들에게는, 좌파의 '계급'을 상쇄시킬 도구라고는, '민족'밖에 없었다.

한데 1990년대 말 이후 본격화된 뉴라이트 계통의 새로운 우파적 사고가 '탈민족'을 외친 뒤로, '민족'은 점차 한국의 우파적 주류들의 언사에서 그 자취를 감추기 시작했다. 햇볕정책 시기에는 '통일'과 관련하여 꽤나 거론되긴 했지만, 특히 이명박 정권에 의해 햇볕정책이 폐기된 이후로는 '민족'의 자리를 '국민/국가', 무엇보다 '국가경쟁력'이 차지해 버리고, 좌파민족주의야말로 강경보수 정권의 '공적 1호'가 됐다. 급기야 계급 좌파의 일각에서 사용되던 '종북' 같은 지칭어가 우파적 주류에 의해 전유돼 좌파민족주의자들을 마녀사냥하는 도구가 되고, '종북'으로 몰린 통합진보당은 강제 해산을 당하고 말았다. 이와 동시에 제도권 담론은 빠르게 민족주의에서 대한민국주의로, 즉 국기 게양과 '국부' 이승만·박정희 숭배, '국군'에 대한 긍지 등으로 이동하고 말았다.

이승만과 박정희가 즐겨 쓰던 '민족'을, 이제와 그 숭배자들이 기피하는 이유는 무엇인가? 좌파 일각의 민족 상대화가 계급의식에 대한 강조의 결과였다면 우파의 '탈민족'은 크게 봐서 한국 자본의 이해관계에 그 초점이 맞추어져 있다. 신자유주의 시대에, 즉 세계체제 핵심부의 자본이 한국의 은행권과 주식시장에서 주도적 영향을 미치는 반면 한국이 캄보디아나 방글라데시의 섬유공업 분야에서 가장 큰 투자국이 되는 시대에 자본의 국제적 이동에 조금이라도 방해가 될 수 있는 '민족'과 같은 개념들은 척결 대상이 된다. 어릴 때부터 미국 등 핵심부 사회에서 성장해 한국어보다 영어가 더 자연스러운 신자유주의 대한민국 차세대 엘리트의 일상도, 저임금 노동력 보충과 인구 정책의 이름으로 노동·결혼 이주가 활성화된 현실도 '민족'과 맞지 않기에 '민족'이 폐기 대상에 오른다. '민족' 애호의 중요한 배경에는 한국 지배층의 북한 영토에 대한 주권 주장 등이 있었는데, 이 주장은 예전과 같은 강도를 나타내지 않는 듯하다. 북한이 붕괴돼 한국 지배자들이 은근히 원하는 '인수인계' 식의 통일이 될 가능성도 줄어든데다가 남북경협보다 동남아시아 등에 대한 '경제식민화'가 더 좋은 이윤을 낸다는 일종의 판단이 나와 있기 때문이다.

우파도 부분적으로 '탈민족'을 향해 가지만, 좌파도 좌파대로 '민족' 의제에 대한 관심을 상실했다. 일단 외국계 인구가 전체 인구의 거의 3%에 육박하는 상황에서 '민족' 이야기가 배제의 서사로 들릴 수밖에 없다. 거기에다가 '민족'과 깊이 연결돼 있는 '통일' 의제에 대한 회의가 가미된다. 일면으로 보수화된 분위기 속에서 '미군 철수'와 '불평등 조약 폐기', '자주적 통일'을 이야기한다는 것이 현실정치를 하려는 좌파로서는 견디기 어려운 부담이다. 또 일면으로, 통일의 상대가 될 북한의 모습에서 어떤 미래지향적인 부분을 발견하기가 힘들어졌다. 1980년대 말까지만 해도 북한을 비록 왜곡되긴 해도 일단 '현실 사회주의 국가'로 보곤 했지만, 오늘날 가시화된 북한의 모습은 자본주의를 향해 이동하는 동북아의 하나의 낙후된 경제·사회다. 이런 상황에서, 민심을 읽고 전략을 다시 짜야 하는 좌파로서는 '민족'도 '통일'도 호소력이 약한 구태의연한 구호로 다가온다.

물론 '민족'에 대한 좌파의 회의에는 짙은 현실성이 있다. 오랫동안 보수적 제도권이 '민족'을 대민 동원용으로, 정권 명분 부여용으로 이용해온데다가, 한국의 대자본들이 아시아나 동유럽에서는 물론 서구나 미국에서도 '고용주'로 군림하는 자본 국제화 시대에 '우리 민족'과 '피착취 대중'을 단순하게 동일시하기가 어려워졌다. 마찬가지로 남북한 통일의 과정에서 '민족'이라는 명분만이 단순하게 앞장서는 것도 곤란하다. 현실적으로 세계 자본주의적 서열 속에서 남한과 북한의 위치가 서로 대조적이 된 이상, '민족'을 앞세운 조급한 통합은 실제로 북한 주민들에게 재앙이 될 수도 있다. 탈북자들이 한국에서 겪는 가난과 불안노동, 차별의 모습을 보면 그 재앙이란 어떤 것인지 쉽게 가늠할 수 있다.

그렇다면 제2차 세계대전 이후에 학계에서 '인종'이라는 용어가 점차 폐기되었듯이 우리가 여태까지 써온 '민족'의 개념도 폐기처분해야 할 것인가? '민족'이 단지 '혈연공동체'를 뜻한다면, 이는 더이상 의미가 없을 것이다. 전체 결혼 건수 중에서 국제결혼이 10~12%에 이르는 요즘 같은 시대에 혈연적 '민족'은 차별적 언사에 불과하다. 언어공동체로서의 민족도 분명히 재고돼야 한다. 탈북자들이 외래어투성이의 남한 말 때문에 새터 생활 적응이 어렵다고 불평할 정도로, 남북한의 언어는 더이상 동일하지 않다. 아무리 '민족 언어의 동질성 회복'을 위해 노력한다 해도, 반세기 이상 취해온 상이한 언어정책의 효과를 상쇄하기에는 역부족이다. 대부분 러시아 및 중앙아시아 고려인들의 일상언어는 러시아어이며, 재일조선인 성인들의 59%가 일상어로 일본어를 쓴다는 연구 결과가 있다. '연변 말투'를 한국에서 쓰는 경우 차별의 대상이 되기 일쑤다. 즉 '단일한 민족어'는 신화에 불과하다. 마찬가지로 '민족'은 정치의식의 단일성을 의미하지도 않는다. 한국인 대부분은 오늘과 같은 매우 불평등한 한-미 관계를 당연시하지만, 대다수의 북한인과 대부분의 조선족이나 고려인, 상당수의 재일조선인들에게 미국의 군사적 보호령으로서의 남한의 위치는 전혀 긍정적으로 느껴지지 않는다.

종래의 '민족'이 상대화되는 상황에서 '코리안'의 실체는 무엇인가? 결국 지리·역사, 이를 배경으로 하는 개인적 정체성의 선택이라고 본다. 아무리 '민족'을 상대화하고 통일 지상주의를 극복해도, 남북한이 분단돼 있어 각자가 서로 잠재적 적이 되는 국제 동맹 관계에 속하는 이상, 한반도 전체가 늘 긴장 상태에 처해 있을 것이다. '민족'의 신화를 넘어도, 요즘처럼 미 제국과 세계 체제 준주변부의 제국인 중국, 러시아와의 관계에서 긴장이 첨예화되는 상황에서는 한반도에서의 중립화 통일로의 움직임은 절실히 요구된다. 세계의 군사적인 중심들로부터 거리 두기라는 의미에서의 중립화, 한반도 탈군사화를 의미하는 통일로의 여정이 아니라면, 한반도는 평화롭고 행복할 수 없을 것이다. 결국 '민족' 이후의 민족의 새로운, 탈혈연적인 의미는 '국가'의 틀 안에서는 불가능한 한반도 모든 생명들의 평화권·행복권이 아닐까? 민족 담론의 유산에서 긍정성을 찾자면, 병영국가 남북한의 경계선을 넘어 한반도의 평화, 세계 제국들로부터 독립적인 한반도인의 정체성일 것이다. 이는 계속 살려야 하는 유산이 아닐까?

이런 차원에서 '민족' 이후의 민족은 코리안들의 다양성에 대한 인정을 의미할 것이다. 민족어는 복수다. 평양의 문화어도, 일어가 섞인 재일조선인들의 조선어도, 고려말도 동등한 민족어로서의 지위를 얻어야 한다. 동시에 자본주의적 현실 속에서 북한인과 조선족, 고려인 등의 수많은 저임금 지대의 코리안들이 광의의 피착취 대중에 속하게 된다는 점에 대한 고려도, 코리안들을 포함한 한반도 안팎의 피착취·피차별 집단들에 대한 연대도, 이와 같은 개념에 포함돼야 할 것이다. '민족'은 사회적 구성물일 뿐이다. 하지만 그 구성물에서 각종 피차별 소수자들과의 연대와 한반도의 탈군사화를 추구할 만한 여지가 있다면 이를 적극 활용해야 할 것이다.

친일은
왜
단죄해야 하는가

친일 문제를 거론하려 하면 민족주의자로 오해받기가 쉽다. 실제로 많은 경우에 친일에 대한 단죄는 바로 민족주의적 논거에 의해서 이루어진다. 한데 친일을 단죄하기 위해 굳이 '민족'이라는 프레임으로 논리를 전개할 필요는 없다. 일제강점기의 정치적 지배 관계가 '이민족 지배'였다는 차원에서 '민족'을 아예 비켜갈 수는 없지만, '친일'의 '일'이 꼭 '민족'으로서의 일본을 의미하지는 않는다. 일본 '민족'의 언어나 문화에 정통하고, 일본 동지들과 연대한다는 것이 정치적 의미의 '친일'로 이어질 필연성은 없다.

김천해(1898~?)를 기억하는가? 울산 출신의 승려이자 계몽운동가로 1921년에 도쿄로 건너간 그는 거기에서 노동운동에 뛰어들었고, 나아가서 조선공산당 일본총국의 책임자가 되었으며, 조선 공산주의자들이 일본 공산당으로 흡수되고 나서는 일본 공산당의 중앙위원이 됐다. 일제 시절에 도합 12년이나 감옥에서 보냈는데도 끝까지 전향을 거부한 김천해는 수많은 일본인 동지들의 추앙을 받았으며, 일본어나 일본 문화에 조예가 깊었다. 한데 일본인들과 오랫동안 가까이 지낸 그를, 과연 누가 '친일파'라 부르겠는가? 일본어로 쓴 소설로 일제 시절 차별받는 조선인들의 이중적 정체성이나 '동화'에 대한 사회적 압력의 내면화 과정을 뛰어나게 묘사한 김사량(1914~1950)은 과연 '친일파'인가? '친일'의 '일'은 결국 '일본'이라기보다는 '일제'를 가리킨다. '친일파'는 정확히 말하면, 일제 식민당국이라는 정통성 없는 권력에 참여했거나 '부당한 거래'를 자발적으로 진행한, 특히 이미 광의의 지배자적 위치에 있거나 그런 위치를 점하려 하는 피식민 사회 구성원을 일컫는다. 그들의 행위는, '민족적 배신'이라기보다는 '무법적 권력에 대한 부역'이라고 하는 편이 정확할 것이다.

계급사회의 권력은 늘 내재적으로 폭력적이다. 예컨대 계급지배관계를 본질적으로 바꾸려는 사람들에 대해서는 법 절차 따위는 소용없을 때가 많다. 최근에 새로이 각광받은 《게공선》으로 유명한 일본의 프로문학자 고바야시 다키지(小林多喜二, 1903~1933)를 기억하는가? 공산당원인 그는, 《1928년 3월 15일》이라는 소설에서 경찰들의 고문을 매우 사실적으로 그렸으며 공교롭게 본인도 결국 검거당해 형언하기 어려울 정도로 끔찍한 고문을 당하다 죽었다. 체제는 공산당원이나 아나키스트 등 그 적극적 반대자에 대해 종종 고문이라는 노골적인 폭력으로 대응했다. 물론 보통의 경우에는 일본 '내지', 즉 자국 내에서는 일제 당국자들이 고문 등 극단적 폭력의 사용을 자제했다. 근대적 권력은 아무리 내재적으로 폭력적이라 해도, 그래도 '국민' 다수의 동의를 기반으로 삼아야 하기 때문에 적어도 자국 내에서는 법·절차를 내세우게 돼 있다. '국민국가'란 으레 그런 것이다.

자국 내에서 아무리 '자제'한다 해도 식민지나 점령지에서는 근대 국민국가의 폭력성이 여지없이 드러나고 만다. 식민지의 인민들은 '국민'이 아니거나 '2등 국민'이었기 때문에 자국 내에서는 상상도 할 수 없는 일들을 식민지에서는 거리낌 없이 해도 되는 것이다. 일본 '내지'에서는 급진적 활동가가 아닌 경우 고문은 일반적이지 않았지만, 식민지 조선에서는 피의자의 정치적 성향과 무관하게 폭력적 수사가 다반사였다. 공산주의자이긴커녕 열렬한 반공주의자이자 거물 친일파 윤치호의 사촌동생이기도 한 (나중에 이승만의 측근이 되었고 박정희 시절에는 서울시장과 공화당 의장까지 지낸) 윤치영(1898~1996)마저도 온건한 유지급 인물들의 단체인 흥업구락부 사건으로 1938년에 투옥됐을 때 상당한 수준의 고문을 당한 것으로 알려져 있다. 그와 같은 계급에 속하는 사람이 만약 '내지인', 즉 일본인이었다면 고문을 당했을 리가 없다. 하지만 식민지에서라면, 일본인 형사에게는 가장 부유하고 보수적인 조선인 명망가마저도 그저 일개 폭력의 대상물에 지나지 않았다.

그렇다면 '친일'이란 무엇인가? 그 어떤 견제도 불가능하고 언제든지 노골적인 폭력으로 전락할 수 있는 무법 권력에 대한 부역 행위다. '민족'을 떠나서 이런 행위는 근대적 시민사회를 건설하려는 곳에서는 용납될 수 없다. 부역 행위를 하다 보면 본인도 결국 타자들을 향해서 그 노골적인 폭력을 대행하게 돼 있기 때문이다. 친일 행위는, 국내적으로도 토착사회 위에서 군림하는 폭력조직인 식민 당국의 일원이 되고 폭력 종범이 되는 것을 의미했지만, 국제적으로도 일제의 가해행위에 가담하여 스스로 가해자가 되는 것을 의미했다. 예컨대 박정희의 괴뢰 만주국 보병 제8사단 복무와 (아마도 조선인 독립운동가들을 포함한 것으로 추측되는) 중국 공산당 팔로군 '토벌' 참가는 '민족 배신' 차원을 넘어 나중에 동경재판에서 유죄판결을 받은 전쟁범죄인 일제의 중국 침략에 가담한 행위였다. 사실 상당수의 친일파들이 피침략 국가에서는 '악질적 침략 종범'의 모습을 보였다. 예를 들어 나중에 문교부 장관과 여러 대학의 총장을 지내고 박정희의 '역사 교사'로 이름을 날린 사학자 이선근(1905~1983)은 만주국에서 일군에 군량미를 납부하는 안가농장을 관리했던 시절에 중국인에 대한 가혹한 태도로 중국 농민 사이에 악명을 떨쳤다. 친일파들의 이와 같은 중국 침략 가담은, 결국 나중에 연변의 조선인들을 보는 중국 사회 일각의 시선에 부정적 영향을 끼치는 등 오랫동안 수많은 무고한 사람들에게 고통을 안기게 된다.

'민족 배신'보다는, 국내외적 권력형 폭력에의 가담이야말로 '친일파 문제'의 핵심이다. 친일파를 단죄하는 것은 '민족정기를 되찾는' 일이라기보다는, 폭력 사회에서 정상 사회로 가기 위한 전제조건이다. 친일파가 초기부터 사실상 권력을 그대로 승계해온 대한민국의 명백한 특징은, 식민지적 폭력성이 그대로 이어져 오히려 확산된 것이었다. 조선인이라면 아무나 무조건 고문해도 된다는 사고방식에 익숙해진 친일 경찰 출신들이나, 중국 등지에서 현지인을 학살하는 일에 익숙해진 일군 장교 출신들은, 결국 대한민국이라는 새로운 테두리 안에서도 자국민을 똑같은 방식으로 대하는 것을 당연시하게 됐다. 광복 70주년이 지난 시점에서 친일파 이야기를 왜 꺼내느냐는 사람들을 가끔 볼 수 있는데, 그 이야기를 광복 100주년이 돼도 계속해야 할 이유는 바로 여기에 있다. 미국의 절대적 보호 아래서 반공의 '보루'가 되어 신생독립국가 대한민국에서 권력을 그대로 이어받은 친일파들이 구사해온 식민지적 대민 통치 방식이 지금도 그대로 행해지기 때문이다.

예를 들어 지금 사경을 헤매고 있는 백남기 농민의 경우를 보라. 그를 조준해서 물대포를 직사한 경찰의 행위를, 마땅히 미필적 고의에 의한 살인미수로 규정해야 한다. 정상 사회에서 경찰의 업무가 '질서 유지'라면, 그 어떤 폭력 행위도 하지 않았던 백남기 농민에게 일부러 죽이려 하듯 물대포를 쏜 것은 '자국민과의 전쟁'에 가까웠다. 그런데도 이 권력형 범죄 행각에 대한 제대로 된 수사도 책임자 처벌도 없다. 일부 지배층을 제외한 나머지 자국민들을 말을 잘 들으면 단순한 통치 대상으로, 말을 약간이라도 듣지 않으려 하면 제압해야 할 적으로 파악하는 듯한 통치 방식은, 과연 어디에서 파생된 것인가? 식민지 시대 부역자들이 그대로 권력을 이어받은 사회가 아니라면 자국민을 식민지 백성처럼 대하는 일이 가능했겠는가?

친일파에 대한 단죄는, 그 의미가 불분명하고 억압적 느낌마저 강한 '민족정기'가 아닌, 우리 자녀들을 위해서 필요하다. 권력과 폭력이 거의 동의어가 된 이 사회에서 아이들이 과연 정상적으로 성장할 수 있겠는가? 성인 사회의 만연한 폭력이 학교 폭력으로 이어지고, 아이들은 어릴 때부터 주먹이 곧 정의라고 배워버리고 말 것이다. 한국 사회 폭력화의 한 주범인 친일파에 대한 분명한 정리가 결국 사회 전반의 탈폭력화의 한 출발점이 되기를, 역사를 공부하는 사람으로서 뜨겁게 열망한다.

한국은
여전히
식민지인가

　얼핏 생각하면 30년이라는 시간은 그렇게 긴 시간은 아니다. 요즘 같이 평균 기대 수명이 80세 안팎이 된 시대에는, 한 개인이 사회화되고 나서도 그 기간의 2배 이상의 삶을 살 수 있다. 그러나 한국처럼 근현대가 압축된 방식으로 실현되고, 진보도 퇴보도 초고속으로 이루어지는 사회에서 30년은 상전벽해가 가능한 시간이다. 30년 전의 고려대나 연세대 학생 사이에서 가장 유행했던 두 단어는, 아마도 '신식민지'와 '종속이론'이었을 것이다. 그들의 눈에는 미국으로부터의 돈 흐름에 의존하는 한국 기업과 미국 관료들의 말 한마디 한마디에 웃고 우는 한국 정계, 한국 땅에 핵무기까지 비치한 주한 미군의 존재가 확연히 '근본적 문제'로 보였다. 그들은 과거의 독립 투사들처럼 이런 상황을 투쟁으로 풀어 자주의 나라에서 살아보고 싶었던 것이다. 30년 뒤인 지금 그 대학의 학생 중에서 '신식민지'나 '종속이론'의 뜻을 제대로 아는 이들이 몇이나 될까? 오늘날 거의 누구나 당연시하는 그 두 대학의 '백화점화'된 캠퍼스의 모습이나 영어 강의 광풍을, 과연 30년 전의 학생들은 어떻게 봤을까? 격세지감이란 말밖에 다른 표현은 떠오르지 않는다.

한-미 관계가 동등해진 것도 아닌데, 이 비대칭적 관계에 대한 급진적 불만은 왜 이렇게도 빨리 증발됐을까? 이유들은 물론 여러 가지다. 동구권의 몰락과 북한의 빈국화도 한몫을 했으며, 또 통합진보당의 강제 해산을 그 결정판으로 한 역대 정권의 좌파민족주의에 대한 탄압도 중요한 역할을 했을 것이다. 동시에 1980년대 말부터 한국에서도 외국인 노동자라는 이름의 내부 식민지가 생기고, 한국 자본이 국외 저임금 지대로 경제 영토를 넓히는 등 국제적 먹이사슬에서 상대적 위치가 격상한 것도 한국인의 대외관을 바꾼 것으로 보인다. 여전히 미국에 종속돼 있지만, 이제 우리에게 경제적으로 종속돼 있는 타자들도 눈에 보이기 시작한 것이다. 그러나 무엇보다 신식민지에 대한 비판을 잠재운 요인은, 아마도 지난 30여 년 동안 대미 종속을 바탕으로 하는 정치·경제 모델이 "나름대로 성공했다"는 다수의 판단일 것이다. 신식민지라 해도 외환위기 때를 제외하고 계속 경제가 성장해왔으며, 대미 종속이라 해도 경제적으로 중요한 대중(對中) 관계를 잘 풀어갈 수 있으면 되지 않는가, 현실적으로 지난한 종속성의 청산은 과연 급한가 하는 판단은 보수화돼가는 다수의 '상식'이 된 셈이다.

종속은 어느 시점에서 피상적으로 보면 장점으로 보일 수도 있다. 문제는 이런 환상이 오래가느냐다. 예를 들어 지금 최악의 경제적 재앙을 겪고 있는 그리스를 보자. 재앙의 씨앗은 2000년의 유로존 가입과 통화로서의 유로 채택이었다. 사실상 독일 자본의 경제 식민지로 유로존에 가입한 것이다. 처음엔 경제적인 호황을 누렸다. 1980~1990년대 계속 고전해온 그리스 경제는 2000~2007년 연간 평균 4% 이상의 성장률을 기록하는 등 일시적인 호황을 보였다. 독일 등 유럽 핵심부 국가들에 경제적으로 종속된 만큼 차관 등의 형태로 집중 투자를 받을 수 있어서, 처음에는 유로존이라는 이름의 경제 종속이 나쁘지 않다는 결론을 내릴 만도 했다. 그러나 늘어나는 빚이야말로 최악의 함정이란 사실이 다 밝혀진 지금, 2007년 이전 유로존에 대한 환상을 어떻게 봐야 할까?

그리스에서는 유럽 핵심부에 대한 경제적 종속이 재앙을 낳았지만, 한국의 대미 종속은 훨씬 더 다변화돼 있어 어떤 의미에서는 '신식민지'의 정의에 부합한다고 봐야 한다. 일차적으로 한-미 군사동맹이 남한 영토에 대한 미군의 일종의 군사보호령화를 가능하게 한다. 미국이 지역적 안정을 도모했다면 군사보호령화의 의미는 또 달랐겠지만, 현재로서 미국이 지향하는 것은 지역적 안정이라기보다는 자연스럽게 지역적 리더로 부상하려는 중국에 대한 강경 견제·포위책, 즉 지역적 안정의 파괴 행위다. 최근 동아시아 전체에 커다란 우려와 반발을 불러일으킨 일본의 헌법 제9조 무력화, 즉 '전쟁할 수 있는 보통국가'로 탈바꿈하는 재무장 시도를, 중국 견제 차원에서 주도·지원해온 세력은 바로 미국이다. 미국이 궁극적으로 원하는 것은, 중국을 잠재적 주적으로 삼는 미-일-한 삼각 군사동맹의 공고화다. 박근혜 정권이 이런 미국의 전략을 무비판적으로 추종하는 사실을, 2014년 7월에 체결된 '북한 핵과 미사일 위협에 관한 (한-미-일 3자) 정보 공유 약정'이 잘 보여준다. 지금이야 명목상 북한을 대상으로 하지만, 본격적 한-일 군사 '교류'가 가동되면 북한의 동맹국인 중국에 대한 정보 교환을 막을 수 있겠는가? 정부는 한-일 상호 군수 지원 협정 등 한층 더 높은 수준의 한-일 군사 블록화 계획은 없다고 애써 부인하지만, 이미 실무선에서 그런 교류 추진을 위한 접촉이 진행 중이라는 보도가 계속 나오고 있다. 중국을 겨냥하는 미-일의 공격적인 패권 전략에 말려들어 한반도의 전장화 위험까지 감수하는 것이 평화와 통일로 향하는 길일까? 한국 정부가 한국민의 생명을 장기적으로 위협할 패권 국가의 지역 전략을 무비판적으로 따르는 것이 신식민지적 상황이라고 이야기하는 게 과연 크게 틀린 말인가?

가장 무서운 것은, 신식민지적 상황이 미군의 총검이라기보다는 한국의 친미 지배 엘리트와 미국 사이의 이해관계의 일치와 밀접한 유착으로 유지·심화된다는 점이다. 대중국 갈등의 씨앗을 내포한다 해도, 오랫동안 미군에 의존해온 한국 군부로서는 미군의 새 지역 전략을 무조건 따르는 게 자연스러울 뿐이다. 또한 예컨대 병원의 영리자회사 설립 허가 등을 통해서 사실상의 의료민영화 쪽으로 점차 정책 방향을 잡고 있는 박근혜 정권의 경제정책도, 의료 부문 진출로 제조업 이윤율 저하를 상쇄하려는 국내 대기업의 이해를 대변해주는 동시에 미국 투자자들에게 매력적으로 보일 뿐이다.

돌이켜보면 미국을 비롯한 핵심부 국가들에 대한 종속성이 1995년 김영삼 정권의 '세계화' 선언 이후 지난 20년 동안 엄청나게 심화되면서 국내외 자본에 두루 이익을 가져왔다. 단적인 예로 외국계 은행들의 한국 시장점유율은 1997년만 해도 약 4%에 불과했다. 현재 외국계 은행 및 해외은행 국내 지점들의 시장점유율은 무려 20%에 이른다. 한국의 국내 은행이라 해도 대부분의 경우 외국(주로 미국과 유럽) 자본이 50% 안팎의 주식을 보유한다. 단기 수익·배당금의 최대화를 노리는 외국자본이 한국의 금융시장에서 선호하는 것은 수익성이 좋은 소비자 대출이고, 사회적 의미는 크지만 단기적으로 수익성이 좋지 않을 수도 있는 영세 상인 지원 등은 꺼리기에 서민들 처지에서 외국자본의 금융시장 장악은 득보다 실이 훨씬 많다. 반면 국내 자본의 처지에서는 금융 부문의 수익성 증가가 본인들의 이윤 추구에도 보탬이 되기에 '금융 식민화'에 대해 별다른 위기감을 느끼지 않는다.

한국 증시에서 외국인 보유 주식의 비중이 2014년 35% 가까이 됐다. 이는 일본(30%)보다 높은 숫자다. 한국 주식의 외국인 보유액은 1998년에 비해 무려 8배나 늘어 2014년 160조 원에 달했다. 이는 인노나 인도네시아와 같은 나라의 주식에 대한 외국인 투자액보다 더 높은 금액이다. 단기 수익을 노리는 핵심부 자본들의 국내 진출이 궁극적으로 국내 노동에 대한 착취 강도의 제고를 가져오는 등 민중의 입장에서는 결코 바람직하지 않지만, 주식값이 오르기를 바라는 국내 투자자들의 입장은 정반대일 수밖에 없다.

신식민지란 국내 지배자와 국외 지배자들의 일종의 이해 공동체를 기반으로 한다. 결국 신식민지 상황으로 피해를 보는 쪽은 평시에 각종 민영화, 시장화, 외국자본 침윤 속에서 착취당하고, 동북아 국제 상황이 심각해지면 총알받이로 징집당해야 할 한국 민중뿐이다. 피해자인 민중이야말로 탈식민화를 위한 투쟁에 앞장서야 하지 않겠는가? 군사·정치·교육·학술·경제적 종속이 심화돼가는 상황에서는 민중을 위한 좀더 나은 세상이 오지 않을 것만은 확실하다.

한-미 동맹이라는
덫

1929년의 유럽. 세계공황, 독일 경제의 끝이 보이지 않는 추락, 이탈리아 파시즘의 공고화, 포르투갈 등지에서 이탈리아를 모방하려는 극우정권 출범…. 10년 뒤인 1939년에 어떤 일이 터질지 아직 아무도 감을 잡지 못했지만, 불안과 공포가 1929년의 유럽을 지배하다시피 했다. 그러다 불안한 세계에 메가톤급 센세이션이 터졌다. 평화주의자인 카를 폰 오시에츠키(Carl von Ossietzky, 1889~1938)가 독일 공군이 국제조약들을 위반하여 훈련을 받고 있다는 사실, 곧 독일군이 공군을 이용하는 침략 전쟁의 야망을 버리지 않고 평화에 대한 범죄를 저지를 우려가 있다는 사실을 전격 발표했다. 그전에도 이와 같은 의혹들이 제기됐지만, 이제 의혹이 사실로 드러났다.

　오시에츠키의 고발에 대한 '민주적' 바이마르 공화국 당국의 대응은 강경했다. 실제로는 감옥에서 7개월 정도만 복역하고 사면으로 석방됐지만, 오시에츠키가 재판에서 '반역, 간첩 혐의'로 일단 유죄판결을 받은 것이었다. 당국의 조약 위반 사실을 고발한 양심가는 당국자에게 '반역자'였던 만큼 수많은 세계인들에게는 영웅이었다. 알베르트 아인슈타인과 버트런드 러셀 등을 비롯한 수십만 명의 각국 시민들이 오시에츠키 옹호 캠페인에 동참했고, 급기야 그는 1936년 노벨평화상 수상자가 됐다. 그러나 그때 독일은 이미 나치들의 차지가 되고, 오시에츠키는 수용소의 수인이 되고 말았다. 나치 천하에서 오시에츠키는 상을 받으러 출국조차 하지 못한 채 무리한 강제 노동과 질병으로 요절했고, 그에게 상을 준 노벨 위원들이 1940년 히틀러의 노르웨이 침략 이후 특별히 처벌을 받은 것을 보면 그의 '반역'에 대한 복수는 완벽(?)했다.

　오늘날의 세계. 세계공황, 유럽권의 얼어붙은 경제, 특히 남유럽 등지에서 더 이상 민심에 아랑곳하지 않으려는 정권들의 점차적 권위주의화…. 아직 표피적으로는 태평성세, '글로벌 시대'의 지속이지만, 미국의 주도로 세계 군비는 이미 냉전 말기 수준을 능가하기에 이르렀다. 세계적 무력 갈등은 아직 머나먼 것으로 보이지만, 시리아 같은 곳에서 이미 러시아와 이란이 무장시킨 세속적인 정권과 미국과 그 지역적 군사보호령들(사우디 등)이 무장시킨, 주로 종교 근본주의적 성격의 반군이 최악의 내전이자 국제 대리전을 벌이고 있다. 그렇지 않아도 불안과 공포가 지배하다시피 하는 이 세계에 메가톤급 센세이션이 터졌다. 에드워드 스노든이라는 미국 컴퓨터 기술자가 중앙정보국(CIA)의 요원이라는 자신의 직업을 더는 양심상 용인할 수 없어, 미국 정부의 정보기관들이 정보 보호에 관한 국제법을 모조리 위반하고 있다는 사실을 전격 폭로했다. 그가 폭로한 행위, 예컨대 수억 명 세계 시민들의 전자 검색 내용이나 전자우편, 통화 감시부터 시작해서 중국 국내 네트워크 해킹, 수억 개 전자 메시지 훔쳐보기까지의 행위는 사실상 일종의 '인터넷상의 전쟁 행위'로, 미국의 라이벌이 되는 나라(특히 중국)에 대한 실전 준비 차원이라고 해석될 여지도 크다. 나치 독일 지도자들이 전후에 유죄판결을 받은 주된 근거는 침략 전쟁 준비와 실행이었는데, 오늘날 미국 지도자들도 그 전철을 동요 없이 밟고 있는 게 아닌가 싶을 정도다. 그들이 전 세계를 감시하고 있다는 의혹은 이제 사실로 드러났다.

스노든의 고발에 대한 '민주적' 미국 당국의 대응은 초강경이었다. 미국 당국자들이 스노든을 '반역자'라며 고발 조처를 취하고 그가 더는 '도망'다니지 못하게 그의 여권을 폐기했다. 미국 대통령이나 외무 관계자들은 스노든을 도와주려는 불법 감시 피해 국가들을 상대로 "범인을 넘겨주지 않으면 심각한 결과가 발생한다"고, 여느 학교 '왕따' 가해 학생 못지않게 '무자비한 복수'를 기약한다. 스노든이 붙잡힌다면? 또 한 명의 양심적 고발자인 브래들리 매닝은 징역

35년형을 선고받았다. 너무나 불길한 예감이지만, 나치들의 감시 속에서, 끝내 자유의 몸이 되지 못해 베를린의 한 병원에서 죽은 오시에츠키가 떠오른다. 한데, 스노든에 대한 옹호 캠페인은 이미 거의 오시에츠키 방어를 위한 국제 운동과 비슷한 규모가 됐다.

기시감이 들 정도라고나 할까? '오시에츠키 사건'과 '스노든 사건'이 우연히 닮았다기보다는, 어떤 구조적인 유사성을 보이는 게 문제다. 세계공황 속 경제난과 열강 대립 격화의 가능성들, 세계대전에서 패배했거나 지난 10여 년 동안 (이라크 등지에서) 심각한 타격을 입어 국제적 영향력이 감퇴한 군사주의적 국가의 전쟁 준비 행위에 대한 양심적 고발, 고발자를 '반역자'로 모는 당국자들의 태도, 요동치는 세계 여론…. 한 가지 아이러니한 차이라면, 거의 80년 전에 노벨위원회가 노벨평화상을 오시에츠키에게 준 반면, 지금 그 평화상을 이미 받아놓은 것은 바로 스노든을 마녀사냥하는 주범 오바마다. 슬픈 아이러니지만, 그만큼 '평화'에 대한 노벨위원회의 이해가 달라진 셈이다. 물론 80년 전의 노르웨이는 독일의 동맹국이 아닌 것과 달리 오늘날의 노르웨이는 나토 가입국, 곧 미국과 군사적으로 한패가 된 나라다.

노르웨이뿐만 아니라 대한민국도 마찬가지로 미국의 동맹국이다. 곧, 스노든이 고발한 '글로벌 빅브러더질'로 얻은 정보의 일부분, 예컨대 대북 관련 정보 등을 한국의 '기관'들도 어쩌면 얻을 수 있단 이야기다. 그런 의미에서 이 고발은 우리와 절대 무관하지 않다. 이

고발이 하나의 계기가 되어, 우리에게 한-미 동맹이 과연 무엇을 의미하는가에 대해서 한번 심각하게 고민해볼 수 있을 것이다.

국내 보수주의자들은 한-미 동맹을 '평화의 보장'이라고 홍보한다. 과거에는 그런 측면도 있었다고 솔직히 인정해주어야 한다. 미국 당국자가 한국 당국자보다 더 평화 지향적이라서 그런 것은 아니고 냉전적 질서 속에서 조폭 보스와 일개 졸개의 전략적 사고의 수준이 다를 수밖에 없었기 때문이다. 잘 알려진 사실이지만, 1968년 1·21사태(북한의 청와대 습격 시도) 이후 박정희는 한때 대북 침공까지 고려했지만, 미국은 이와 같은 망상적 이야기를 일축했다. 북한과 소련이 엄연히 동맹국이었던 상황에서 '대북 침공'은 제3차 세계대전을 뜻하고, 아직 성장 드라이브 중이었던 미국은 굳이 이와 같은 무리수 없이도 중국이나 소련과 같은 라이벌들을 점차 포섭하거나 무력화시킬 자신이 있었기 때문이다.

한데 국제 냉전이 끝나고 미국으로서 조심해야 할 필요성이 없어지고 나서는 돌연 역할이 전도됐다. 1994년 1차 북핵 위기 때 한국이 아닌 미국이 영변 시설에 대한 미사일 공격을 검토했고, 그 반대로 김영삼 대통령이 '대북 전쟁 가능성'을 들먹였던 클린턴을 견제해야 할 정도였다. 결국 김영삼의 설득보다도 북한을 침공할 경우에 수십만 명의 미군이 사망할 가능성이 있다는 계산이 클린턴의 전쟁 열의를 억제하긴 했지만, 지금 같은 경우에는 문제가 훨씬 더 크다. 미국의 불법 정보 수집 행위의 가장 큰 피해국 중 하나는 바로 중국이며, 미국의 제1호 가상 적도 바로 중국이다. 미국의 실물경제 성장 드라이브가 고장난 지 이미 오래됐고, 이와 달리 '시장'의 일부 폐단을 면할 수 있는 중국의 국가 주도 자본주의 경제는 아직도 고속성장 중이다. 평화가 지속되면 몇 년 뒤 세계 최대의 경제 대국이 될 중국은 당연히 그 어떤 전쟁도 바라지 않겠지만, 중국보다 월등히 강한 부문이라고는 군사 부문밖에 없는 미국으로서는 이러한 상황에서 어떤 유혹을 느끼지 않겠는가?

제2차 세계대전 이전의 시기를 방불케 하는 이 시대에, 우리는 과연 계속해서 잠재적 침략국과의 동맹관계를 유지해야만 하는가? 영세중립 등의 가능성들을 꼭 배제해야 하는가? 더 늦기 전에, 한반도의 생명과 평화를 지키기 위해 심각하게 생각해볼 대목이다.

아류
제국주의 국가,
대한민국

2014년 초 동남아시아로부터의 세 가지 소식이 많은 국내인들을 놀라게 했다. 방글라데시에서 최대의 의류업체로 통하는 영원무역에서 임금 삭감이 이루어지자 이에 격렬하게 반대하는 노동자들의 시위가 진압당하는 과정에서 한 여성 노동자가 경찰의 실탄에 맞아 죽었다. 캄보디아에 진출한 약진통상의 저임금에 신음해온 노동자들의 시위에 군대가 실탄을 발포해 다수의 사망자와 부상자를 냈는가 하면, 또 베트남 삼성전자 건설 현장에서 현지 노동자에 대한 경비 직원의 폭력이 결국 '봉기'를 방불케 하는 노동자들의 집단 저항을 유발했다. 이 소식을 접한 이들 중에서, 수치심을 느낀 사람들은 적지 않았다. 기아임금부터 폭력까지, '한국식 노무관리' 백태가 또 하나의 '한류'(?)처럼 한국계 기업들이 가는 곳마다 번져 현지인들에게 고통을 준다는 것은 실로 부끄러운 일이 아닐 수 없다. 그러나 부끄러움 같은 감정은 개인을 행동으로 나서게끔 할 수 있다는 점에서는 매우 중요하지만 냉철한 분석을 대체할 수 없다. 미국의 군사보호령이면서도 동남아시아 노동자들에게 최악의 가해자의 모습을 보여주는 대한민국은 과연 세계 체제 차원에서 어떤 위치를 차지하는가? 이 부분에 대한 학술적 해명부터 있어야 이제 국제적인 착취세력으로 커버린 국내 자본에 대한 올바른 대처를 할 수 있을 것이다.

1980년대 운동권 일각에서는 한국이 미국의 신식민지라고 보는 사람들이 적지 않게 있었다. '신식민지'가 단지 강력한 종속관계를 의미한다면 이는 꼭 틀린 말도 아니지만, 여기에다 한 가지의 단서를 달아야 한다. 미국 중심의 세계에서 산업국가로 컸고, '친미성'은 공기처럼 당연한 것이 돼버린 대한민국에서는, 미국이 굳이 일일이 '식민지적' 통치를 할 필요가 없다. 한국인들이 다 알아서 잘하기 때문이다. 예컨대 미국 입장에서 새누리당과 야당 사이의 경쟁에서 어느 한쪽에 베팅할 필요라도 있는가? 어느 쪽이 이기든 미군과 미국 투자자를 자국민보다 먼저 배려할 것이 어차피 보장돼 있는 상황에서 말이다. 또한 최근 10여 년간의 영어 광풍을 관찰해보라. 고려대나 성균관대 등이 영어 강의 비율을 50%까지 높이려고 안간힘을 쓰는 것은 '미국 신식민지 당국' 간섭 때문인가? 한국에서 영어는 이미 전통시대의 한문처럼 사회귀족들의 특권언어가 돼버렸으며, 부모에게 조기유학이나 영어연수 보낼 돈이 없어서 영어를 덜 하게 된 학생들에 대한 차별은 전통시대의 천민차별처럼 당연지사가 되고 말았다. 식민성은 이미 우리들의 집단 정체성이 된 것이다.

이와 같은 '우리 안의 미국' 외에도 한국에 대한, 미국을 위시한 핵심부 국가 자본의 통제력도 엄연히 존재한다. 예컨대 한국 은행가에서 외국인 지분율은 2006년에 절반을 넘었으며 이제는 60% 이상이나 된다. 서민 금융이 외면당하는 만큼 고배당, 곧 초과이윤이 가능하기 때문이다. 은행권 이외에 핵심부 자본의 지분율이 가장 높은 곳들은 전자(43%)와 통신산업(41%), 곧 고이윤이 보장된 기술집약적 분야들이다. 한국식 신자유주의는 끊임없는 외자 유입을 전제로 하는 만큼 종속형 신자유주의라고 불러도 좋을 정도다. 외국자본이 노리는 고이윤을 가능하게 만드는 것은 착취적 하도급 구조와 비정규직에 대한 차별, 전체적인 고강도·장시간 노동구조라는 사실을 굳이 언급할 필요가 있겠는가? 공인된 (곧 많이 축소된) 자료로 봐도 1년에 약 700명의 노동자를 과로사로 몰아내는 구조야말로 한국을 핵심부 자본을 위한 희망적 투자처로 만드는 것이다.

그렇다면 한국 자본가들은 과연 미국에 대한 순수한 고마움(?)으로 핵심부 자본을 위해 은행권을 비롯한 가장 '단맛이 나는' 투자시장을 열어젖히고 있는가? 물론 전혀 그렇지 않다. 한-미, 한-유럽연합 자유무역협정 등을 통해서 국내시장을 핵심부 자본에 '제공'해준 데 대한 반대급부로 한국 기업들은 미국이 주도하는 세계적인 신자유주의적 착취 질서에 비중 있게 참여할 수 있게 됐다. 그 질서 자체가 제국주의적 성격을 지니는 만큼, 미국의 충실한 후국(侯國)으로서 그 질서에 참여하는 대한민국을 아류 제국주의 국가라고 규정할 수 있는 것이다. 쉽게 이야기하면 감히(?) 이라크의 유전들을 국유재산으로 묶어두었던 사담 후세인 정권에 대한 불법 침략을 감행해 이라크에서 시장주의적 정부를 세워주는 것이 '본류'(本流) 제국주의 국가가 할 일이라면, 그 시체 더미 속에 들어가서 '자원개발' 등으로 경제적 착취의 기회를 노리는 것은 아류 제국주의 국가의 몫이다. 사실 한국 대자본으로서는 1990년대 초반 이후의 미국 주도로 이루어진, 유행병과도 같은 전 세계적인 신자유주의적 질서의 확장이야말로 시의적절한 것이었다. 1987년 대투쟁 이후에 한국 노동자들에게 더는 과거와 같은 저임금을 강요하기가 어려워진데다가, 어차피 수출 중심의 산업이라면 차라리 국외에서 만들고 국외에서 파는 것이 더 편리하기 때문이다. '한국식 제국주의'라면 결국 대자본의 경제 영토의 대폭적 확장을 의미하는 것인데, 지난 김대중·노무현 정권 시절에 바로 이와 같은 확장은 현실이 됐다.

우리 현재 상황으로서의 아류 제국주의의 문제를 최초로 본격적인 학술적 논의의 대상으로 삼아 관련 자료를 박사학위 논문에서 정리한 김어진(경상대)이 인용한 통계를 잠시 재인용해보겠다. 2008~2009년 세계공황 이전까지 한국의 국외직접투자는 계속해서 폭발적으로 증가해왔다. 한국 대기업들의 본령인 수출보다 훨씬 더 빠른 속도로 증가해온 것이다. 2005~2009년간 한국 기업들의 연평균 국외직접투자 증가율은 29.7%였는데, 그 기간의 수출 증가율은 8.3%였다. 한국 국민총생산 대비 해외직접투자의 비율은 2012년에 2.1%에 달했는데, 이는 일본(2.1%)이나 미국(2.6%)과 같은 수준이다. '국외로, 국외로!'는 한국 산업의 거의 모든 부문에서 나타난 현상이었다. 위에서 언급한 사례에서도 보이듯이 방글라데시와 캄보디아에서 현지 노동자들에게 기아임금을 강요하고, '대들기'만 하면 바로 무력 진압이 벌어지게끔 하는 식으로 군림하는 한국 자본은 임금비용이 큰 비중을 차지하는 의류업계인 반면, 베트남에서 현지 노동자에 대한 구타가 발생된 곳은 삼성전자의 공사장이었다. 삼성전자의 국외생산 비중은 이미 80%를 넘었는가 하면, 현대자동차의 경우에는 약 60% 정도다.

한국 경제제국주의는 노동자들의 저임금과 탄압적인 정권과의 결탁관계, 아직 경쟁이 덜 심한 시장에만 의존하는 것도 아니다. 자원·에너지 집약적인 제조업 위주의 국내 산업구조의 특수성 차원에서 보면, '국외자원 개발', 곧 세계적 규모의 자원 약탈전에의 참전은 큰 비중을 차지한다. 한국석유공사만 해도 이미 진출해 있는 지역은 페루부터 이라크까지, 가히 전 세계적이라고 하겠다. 농지도 약탈의 대상이다. 2008년에 대우로지스틱스가 마다가스카르에서 농지의 상당 부분을 헐값으로 임대하겠다는 '노예계약'을 체결했다가 그 여파로 마르크 라발로마나나 정권이 아예 무너지고만 대사건이 발생했을 때 한국 기업의 '개도국 농지 약탈'이 국제적으로 비판받은 일은 있었지만, 다른 나라 기업들과 마찬가지로 이와 같은 거래들은 대체로 언론에 잘 노출되지 않는다. 그 자원을 관리하는 정권과 한국 기업의 유착은 매우 '조용하게' 발전돼 간다.

결국 친미 성향이 거의 내면화돼 있는 한국 지배자들은 각종 자유무역협정으로 미국 등 중심부 자본에 국내 고수익 투자 기회를 제공해가면서 미국 주도의 신제국주의적 세계 질서에 편승해 일종의 아류 제국으로서 농지·에너지 약탈부터 저임금 노동 착취까지 세계의 주변부에서 또 하나의 '작은 식민모국'으로 군림한다. 이들의 승승장구의 대가는 국내외 노동자들의 피땀인 만큼, 결국 한국 자본의 국내외 피해자들이 그 힘을 하나로 모으지 않으면 아류 제국의 통치자들에게 효율적으로 대응할 수 없을 것이다. 우리는 캄보디아·베트남·방글라데시 등지에서의 한국 자본의 피해자들을 단순히 동정하지만 말고, 그들과 적극적으로 연대할 방법을 모색해야 한다.

196

제3차 세계대전은
이미
진행 중

　"14년의 8월" 이 표현은 유럽인들에게는 특별한 의미를 갖는다.
1914년 8월 초에 유럽에서 제1차 세계대전이 발발하고, 이로 인해
유럽사도 세계사도 새로운 시대로 진입했기 때문이다. 이 시대에 러
시아의 10월혁명과 같은 희망의 등불도 있었지만, 제1차 세계대전
의 연속으로서의 제2차 세계대전도, 홀로코스트도 있었다. 그나마
자본의 핵심부인 유럽에서 '평화'를 가장할 여력이라도 있었던 1914
년 8월 이전의 자본의 세계와, 그 후의 세계는 많은 면에서 달랐다.
1914년 8월에 시작된 제1차 세계대전이 하나의 계기가 돼, 열강이
각축했던 19세기의 세계 체제는 미국이라는 초강대국을 정점으로

하는 20세기 후반형 패권 체제로 진화했다.

2014년 8월에 일어난 일련의 일들을 지켜보면서, 나는 역사의 어떤 아이러니를 실감했다. 세계사의 가장 끔찍한 참극 중의 하나를 기념(?)이라도 하는 듯, 우리 눈앞에서 다시 한번 또 하나의 세계대전의 초전이 벌어졌다. '대전쟁'(The Great War)의 시작 이후 정확하게 한 세기가 지나고 나서 다시 한번 세계 체제의 미래를 결정할 또 하나의 커다란 전쟁이 벌어진 셈이다. 이 전쟁의 결과에 따라 미국 일극(一極)의 패권 체제가 다시 한번 열강 각축 체제로 바뀔 수도 있고, 역으로 강화될 수도 있다. 사실상 2014년 여름, 제3차 세계대전의 서곡을 목격했다. 우크라이나 동부에서의 치열한 전투들과 함께 2014년 8월에 그 서곡은 참혹함의 극에 달했다. 단, 세계인 대부분은 우크라이나 같은 곳에서 일어나고 있는 일들이 바로 일종의 제3차 세계대전에 해당한다는 사실을 눈치채지 못한 것일 뿐이다. 세계적 규모의 전쟁이 일어나도 이 전쟁의 의미를 다수가 파악하지 못한다는 점이야말로 위험천만하다.

아마도 여기까지 읽은 독자들은 나에게 당장 반론을 제기할 것이다. '세계대전'이라면 연상되는 것은 참호 속 수백만 명의 군인들, 수천 대의 전차 부대들의 충돌, 대도시에 대한 대대적 공습, 전 국민 총동원 같은 '세계적 초비상'인데, 국제적으로 이와 같은 비상을 전혀 초래하지 않은 듯한 우크라이나에서의 국지전이 도대체 무슨 세계대전이냐고 반박할 것이다. 그러나 여기에서 한 가지 중요한 부분을 꼭 먼저 파악해야 한다. 자본주의가 변하는 만큼, 자본주의 세계의 전쟁도 변한다는 것이다. 1914년의 세계에서 대부분의 유럽인들은 소비의 주체였다기보다는 주로 생산 주체였다. 가난한 노동자나 농민, 수공업자를 총동원해 전선으로 보내고 공장 등에서의 빈자리를 여성 등으로 채우는 것은 그때만 해도 가능했다. 그러나 오늘날의 대중적 소비 위주의 경제에서, 100년 전과 같은 총동원은 곧바로 경제의 빈사 상태를 초래할 것이다. 더군다나 미국과 러시아, 중국 등 핵보유국들 사이의 총동원 전쟁이란, 핵선쟁 등 지구 자멸 사태로 이어질 확률도 크다. 지배자들이 이런 사태까지 원할 만큼 제정신을 잃은 것은 아니다. 그러기에 세계 전쟁의 형태도 변했다. 100년 전과 같은 정면충돌이 완충지대에서의 대리전 등의 형태로 바뀐 것이다.

지금 대리전이 휴전협정으로 잠깐 멈춘 우크라이나도 그런 완충지대의 하나다. 실은 한반도도 바로 미국과 그 잠재적인 적대자인 중국 사이의 완충지대에 해당한다. 우크라이나는 경제적으로 러시아에 의존해온 한편, 정치적으로는 빅토르 야누코비치 대통령의 축출 사태 이후 미국과 유럽연합에 의존하게 되었다. 이중 종속의 상태에 놓여 있는 것이다. 러시아는 우크라이나의 최대 무역 파트너였으며, 특히 우크라이나 동부에서는 러시아와의 경제관계가 절대적이었다. 사실, 이 상황이야말로 야누코비치 축출 이후에 우크라이나가 택한 친서방 일변도의 정책이 동부와의 내전으로, 이후로는 사실상 우크라이나 영토에서의 미국과 러시아의 대리전으로 이어질 수 있었던 원인이기도 했다. 한국의 경우, 경제와 정치·안보의 엇박자는 사실 우크라이나 이상으로 심하다. 경제적으로 중국과의 무역, 중국에의 투자 등에 의존하면서도, 안보·군사 부문에서 한국 지배층은 철저하게 미국에 종속돼 있다. 한국의 지배자들이 외형적으로는 아직까지 미국과 중국 사이의 줄타기를 무탈하게 해왔다. 그러나 안보·군사 부문에서 계속 미국 일변도의 노선을 추구하다 보면, 미국의 대중국 정책이 과격해지는 순간에 그 정책에 휘말리는 것을 성공적으로 피해낼 수 있을까?

이번 우크라이나에서의 대리전이 꼭 최초도 아니었다. 시리아에서의 사실상 미국과 러시아·이란의 대리전은 이미 수년째 접어들며 20만이 넘는 목숨을 앗아갔다. 시리아가 한국전쟁 직후의 한반도 이상으로 황폐해졌다. 이 대리전은 미국으로서는 예상하지 못한 한 가지 결과를 낳기도 했다. 미국과 그 하위 파트너(카타르, 터키 등)들이 친러시아·친이란 아사드 정권에 맞서는 무장세력에 다량의 무기를 제공해왔는데, 폐허가 된 절망의 땅에서 이슬람 근본주의가 크게 정치세력화해 결국 이 무기의 상당 부분을 미국에 적대적인 '이슬람국가'가 장악하게 된 것이다. 시리아라는 이름의 완충지대에 공고한 친서방 정권을 세우려 했던 미국은, 이제는 '이슬람국가'에 대한 토벌을 빌미 삼아 아마도 다시 한번 이란 국경 근처에서 교두보를 확보하려고 작전할 셈이다. 시리아에서의 대리전이 새로운 형태의 제

3차 세계대전의 전주곡이었다면, 우크라이나에서의 대리전은 그 초전에 해당할 것이다. 한반도의 북반부가 중국에 절대적으로 중요한 전략적 요충지인 것처럼, 우크라이나의 동부 등은 러시아에 절대적 의미를 지니고 있기 때문이다. 2014년 초 미국의 지원에 의한 우크라이나에서의 초강경 친서방 정권의 출현은 이런 차원에서 러시아에는 '선전포고'를 뜻했다. 물론 미국과 동맹관계에 있는 서구 국가들이나 러시아나 애초에 자기 땅에서 파괴적인 전쟁 행위를 할 생각은 없었다. 미국과 유럽연합은 우크라이나가 친서방 노선을 추구할 경우 언젠가는 유럽연합에 가입하여 그곳으로 무비자 이민이 가능해지리라는, 근거 없는 희망을 서·중부 우크라이나인들에게 심어 그들을 반러시아 노선으로 유도했다. 이와 똑같은 방식으로 러시아 매체들은 우크라이나 동부가 러시아와 합쳐져 그 주민들이 우크라이나보다 2~3배나 많은 러시아의 임금이나 연금을 받을 수 있다는 기대를 심어 우크라이나 동부 노동자들의 손으로 대리전을 벌였다. 그리고 우크라이나의 영토가 황폐화하는 사이에 미국, 유럽, 러시아의 군수기업들은 치솟는 매출고로 쾌재를 불러왔다. 이것이 바로 신자유주의 시대, 새로운 형태의 세계대전의 모습이다.

제1차 세계대전에서 맞붙은 열강들은 '땅따먹기' 싸움을 벌였다. 현시대의 구미권과 중-러에 영토는 그다지 관심사가 아니다. 구미권 자본의 입장에서는 러시아나 중국, 이란 같은 세계 체제 준주변부 제국들의 강력한 관료 체제가 '자유로운' 이윤 추구의 걸림돌이다. 러시아나 이란 유전의 '자유로운' 매입, 중국 화폐에 대한 '자유로운' 투기 등이 불가능하기 때문이다. 반면에 힘이 커져가는 준주변부 대국의 자본 입장에서 구미권 본위의 국제적 '게임룰'은 사뭇 버겁다. 예컨대 그들의 입장에서는 세계 기축통화로서의 달러화의 위치가 미국 금융자본에 주는 이점이 불공평하다. 그러나 세계 지배자의 두 패인 구미권 자본과 준주변부 대국들의 자본 사이의 공통점 중 하나는, 그들 중 누구도 완충지대 민중의 고통에는 관심이 없다는 것이다. 시리아나 우크라이나에서의 도살극이 저들에게 이익이 되는 이상 계속 이런 사태들의 장기화를 도모할지도 모른다.

우크라이나 사태를 교훈 삼아 우리가 해야 할 것은 한반도 전장화(戰場化) 방지를 위한 노력이다. 중-미 갈등이 앞으로 한반도의 전장화로 이어지지 않도록 남북관계 개선부터 매우 시급하다. 일단 공동 군축 등을 할 만큼 남북한 사이의 신뢰를 쌓는 것부터 급선무다. 이것은 '정치' 차원의 문제가 아니다. 생존의 문제다.

4부

문제는
국가다

국민의 생존도
보장 못하는
부실 국가

　세월호를 침몰하도록 한 것은 국가와 자본이라고 하지만, 문제의 중심에 있는 것은 분명히 '국가'다. 고물 선박 구입과 과적 운항 등을 저지른 것은 자본이었지만, 규제되지 않는다면 그 어떤 자본도 필연적으로 이와 같은 폭리를 노리는 행위를 할 것이다. '오로지 이윤'만을 추구하는 것은 자본의 생리다. 자본의 이윤 추구 본능을 공공이익을 위해 견제하고, 자본의 탐욕으로 인한 사고가 났을 때에 피해자들을 구제하고, 참사의 원인을 규명하고 책임자들을 처벌하는 것은 국가만이 할 수 있다. 세월호 사태가 보여준 것은, 대한민국이 그중에서 어떤 것도 못한다는 점이었다. 이 국가가 '효율적으로'

할 줄 아는 것이라고는 청와대에 가서 대통령을 만나려는 유가족·시민들을 폭력적으로 막는 탄압 행위 정도다. 그러기에 세월호 사태가 제기한 궁극적 문제는 대한민국의 국가로서의 성격은 도대체 어떤 것인가 하는 거다. 이것이 이론의 문제라면, 실천의 문제는 이와 같은 대한민국을 제대로 개조하자면 어떻게 해야 하는가라는 부분이다.

사회과학적으로 본 근대국가는 궁극적으로 총자본의 총사무국이다. 그러나 총자본의 궁극적 이해관계란, 꼭 개별 자본의 폭리 추구와 같지 않을 수도 있다. 예컨대 개별 자본의 입장에서야 저과세가 제일 좋겠지만, 총자본의 입장에서는 노동자들이 세금으로 제공해주는 의료·교육 무상화 혜택을 받지 못하면 결국 내수 시장에서의 구매력이 떨어져 자본도 덩달아 어려워진다는 것이다. 무엇보다 총자본으로서는 국가 '공공성'의 신화가 중요하다. 실제로 국가는 자본의 편에 서지만, 그래도 피치자들이 국가가 '불편부당'할 수 있다는 것을 믿어야 사회가 '안정성'을 획득할 수 있기 때문이다. 문제는 대한민국의 경우 그 통치자들이 '공공이익'을 위하는 시늉마저도 못할 수준이라는 점이다. 대한민국은 총자본과 다수의 노동자·서민 사이의 어떤 균형을 맞추려는 노력도 거의 하지 않는다. 그저 각종 개별 자본을 위한 '해결사' 노릇을 하는 데 바쁠 뿐이다.

물론 대한민국 지배자들이 위기 국면마다 민심 무마 차원에서 피치자들에게 각종 양보를 하곤 했다. 유신 체제에 대한 광범위한 불만에 직면한 박정희는 1974년부터 고교 평준화를 실시하여 '기회 균등'의 신화를 공고화함으로써 유신국가의 위상을 다소 높였다. 물론 그렇다고 유신국가의 몰락을 예방할 수 있는 것은 아니었지만 말이다. 1987년의 대투쟁에 놀란 최후의 군부 통치자 노태우는 1989년에 전 국민에게 의료보험제도를 적용하는 등 '보편적 복지'를 시도하는 척이라도 해야 했다. 한국에 신자유주의를 도입한 김대중 정부는 늘어나는 빈곤 문제에 직면하여 기초생활보장제도의 틀을 갖추고 복지 예산을 늘려야 했다. 이와 같은 양보는 밑으로부터의 피나는 투쟁의 대가로 얻어졌다는 것을 결코 잊어서는 안 된다. 그러나 국가가 비록 양보를 할 줄 안다 해도 그 기본 성격까지 바꾼 적은 없었다.

국가에 대해 늘 기대되는 것은 '정의'다. 국가가 정말 '공공'기관이라면 자본가와 결탁하기가 너무나 쉬운 공직자 개개인의 너무나 뻔한 계급적 성향을 초월하여, 다수의 통념상 '정의'로 여겨질 만한 사법·정치적 행위를 할 줄 알아야 한다. 그런데 수사권과 기소권이 보장된 세월호 특별법도 제정하지 못하고 유가족들을 계속 괴롭히기만 하는 국가는, 과연 평균적 한국인의 정의관에 부합되기라도 하는가? 관피아를 개조하겠다면서 자신을 포함한 관(官)의 책임을 사실상 면제하게 하는 대통령은 과연 정의와 어떤 관계가 있는가? 세월호 참극에서 노골적으로 드러났지만 그 전에도 한국에서 국가는, 예컨대 자본가와 노동자들에게 같은 잣대를 사용한 적이 없었다. 세금

포탈과 배임 행위, 주식시장에서의 불법 행위 등으로 유죄판결을 받은 이건희는 실형을 하루도 산 적이 없었다. 이건희뿐인가? 정몽구(현대기아차), 박용성·박용오·박용만(두산그룹 오너 일가) 관련 판례를 봐도 똑같은 패턴이 그대로 보인다. 비자금 조성, 분식회계, 횡령 등으로 유죄판결을 확정받아도 결국 집행유예로 사실상 실형을 면제받는 것이다. 반면에 '주인'에게 반기를 든 노동자는 '몸'으로 감옥살이를 해야 한다. 놀라운 사실이지만 자유주의 지향의 대통령일 때에 '불법 집회'나 '업무 방해' 등으로 잡혀간 구속 노동자의 수가 오히려 높아진다. 보수우파 김영삼 시절에 632명의 노동자들이 잡혀갔지만, 김대중 시절에는 892명, 노무현 시절에는 1052명이나 됐다. 한국에서 자유주의는 노동자들에게까지 적용되지 않는 모양이다. 한마디로 '유전무죄 무전유죄'가 국민 상식(?)이 된 사회에서 국가가 제 노릇을 한다고 볼 수 있겠는가?

기본적 정의도 보장해주지 못하는 국가는 그 국민들에게 생존권 보장도 해주지 못한다. 세월호 충격으로 세인의 기억에서 거의 사라진 듯하지만 같은 해 2월의 서울 송파구 '세 모녀의 자살'은 김대중 이후에 가동된 기초생활보장제도가 얼마나 부실한지를 잘 보여주었다. 극단적 생활고로 결국 자살을 택한 가족의 어머니가 만약 식당 일을 계속했을 경우 약 월 150만 원 정도의 소득을 올릴 수 있었다. 그렇다면 2014년 수급 대상자 선정 기준인 3인가족 최저생계비(132만9118원)를 넘었을 것이고, 기초생활보장금을 신청해도 떨어졌을 것이다. 또 부양의무자, 즉 '생계를 같이하는 1촌 이내의 혈족이나 그 배우자'가 있으면 신청이 거부되는 것이 바로 현행 기초생활보장제도. 이를 가난의 문제를 가족들에게 돌리는 책임 전가라고 하지 않으면 달리 어떻게 불러야 하는가? 오늘날 한국에서는 기초생활보장급여 수급자보다 그 사각지대에 놓여 수급자도 되지 못하는 극빈 인구가 2.5배 더 많아 410만 명에 이르게 된 것이다. 총인구의 약 8%의 생계에 대해 책임을 지지 못하는 국가가 과연 근대국가인가? 이 국가는 무책임한데다 대단히 야박하기도 하다. 이명박·박근혜 정권하에서 국가 복지 정책의 주요 방향은 기초생활보장제도의 사각지대 문제 등을 해결하는 것이 아니었다. 오히려 '부정수급자 적발', 즉 가난한 사람들에 대한 감시와 처벌만 강화됐다. 덕분에 2010년 155만여 명이던 기초생활수급자는 2013년에 135만1000여 명으로 줄었다. '치사하다'는 말밖에 달리 적합한 단어를 찾기가 힘들다.

정의도 생존도 보장되지 않는 사회에서 보장된 것이 과연 무엇이 있는가? 건강권? 현재 국민건강보험의 보장성은 62%에 불과하며, 이는 노무현 정권 말기에 달성된 64% 보장성에 비해서도 후퇴다. 여러 가지 여론조사들의 결과를 종합해보면 약 30%의 한국인은 경제적 이유로 병원 치료를 받지 못하거나 미룬다. 미국을 제외한 모든 산업회된 사회 중에서 한국의 의료 체제가 보장성이 낮다는 것은 잘 알려진 사실이다. 노후? 거의 절반에 가까운 한국의 노인빈곤율은 경제협력개발기구(OECD) 평균(13%)보다 거의 4배나 높아 "산업화된 나라 중 최악"으로 알려져 있다. 2008년에 서울시가 65살 이상 노인을 상대로 한 조사 결과를 보면, 아예 "소득이 없다"고 이야기한 노인이 27%나 된다. 상당수 한국인들에게 노후는 '인생의 휴식'이라기보다는 '인생의 악몽'에 가깝다. 어느 부문을 봐도 우리에게 보장돼 있는 것은 거의 없는 게 현실이다.

우리의 핵심 문제는, 공공성이라고는 찾아보기 어렵고 개별 자본의 '문제해결 전문업체' 수준 이상 되지 못하는 부실 국가다. 이 국가는 다수에게 아무것도 제대로 보장해주지 못하며, 특정 대기업들을 '뒷바라지'해주는 데 사회의 자원을 낭비할 뿐이다. 이 국가를 개조하자면? 결국 밑으로부터의 압력밖에 방법이 없다. 정의도 생존도 건강도 노후도 보장해주지 못하는 국가는 결국 피해자들에 의해서 그 존립이 위협받을 수 있다는 점을 지배자들이 실감해야 비로소 오늘날보다 약간 더 살 만한 사회가 윤곽이라도 잡힐지 모른다.

'폭력'의 기억,
폭력의 망각

　2013년 여름, 울산에서 일어난 희망버스 참가자와 현대자동차 사측이 고용한 용역 사이의 충돌이 인구에 회자됐다. 대법원의 비정규직의 정규직화 판결을 무시하고 충돌 과정에서 시위 참가자 100여 명을 다치게 한 사측에는 무한한 관용(?)을 보여주는 국가는, 반대로 시위자와 시위 계획자의 경우엔 4명을 구속하기로 하고 약 50여 명에 대한 조사를 벌인다고 했다. 국가가 회사의 노골적인 불법보다 노동자들의 '폭력적' 발버둥에 훨씬 더 민감하게(?) 반응하는가 하면, 보수 미디어들은 아예 시위자들에 대한 언론 재판을 진행했다. "죽봉을 든 시위꾼"은 얌전한 축에 속하는 표현이고, 대개는 참가자들을 밤새도록 술만 들이마시고 오로지 물리적 공격을 하기 위해 울산에 찾아온 폭도쯤으로 묘사했다. 대부분의 보도들은 희망버스 울산행의 이유, 곧 현대자동차의 불법파견 행위 등에 대해 제대로 언급하지도 않았다. 그래야 "뚜렷한 목적도 없이, 잘못된 특정 이념 때문인지 계속 무지막지한 폭력을 휘두르는 폭도"의 이미지를 조성하기 더 쉬운가 보다.

지배자들의 폭력이 은폐되는 가운데 저항을 시도한 하위자의 일부 폭력 행위만을 균형감각 없이 부각하여 저항 그 자체를 무조건 '폭력'으로 모는 것은 사실 극우정권의 전형적인 프로파간다 수법이다. 예컨대 우리의 상식으로는 파시스트 독일이야말로 폭력 그 자체의 화신이지만, 파시스트들의 프로파간다에서는 놀랍게도 파시스트 자신들이 '유대인 볼셰비키 폭력'의 희생자(!)로 서술되곤 했다. 실은 파시스트의 프로파간다 수법은 오늘날 조중동과 다를 게 없었다. 반대쪽이 어쩌다가 저지른 한 국지적 사건을 무한대로 침소봉대하여 '빨갱이들의 폭력성'에만 주의를 집중시키는 수법 말이다. 가장 유명한 사례는 1919년 4월 30일 뮌헨에서 일어난 '인질' 10명 총살 사건이었다.

온건 공산주의자들이 아나키스트 등과 함께 만든 바이에른 소비에트 공화국의 붉은군대가 자발적으로 즉석 재판을 하여 총살한 10명의 반대편 포로는 실은 '인질'이라고 할 수 없었다. 둘은 공화국을 진압하려고 했던 관군 포로였으며, 나머지는 나중에 파시스트 정당으로 발전하게 된 극우민족주의적 툴레협회의 주요 회원이었다. 툴레협회의 회원과 전 회원들이 이미 혁명 지도자들에 대한 테러를 저지른 적이 있으며 앞으로 관군과 내통하여 붉은군대에 불의의 공격을 가할 것이라고 혁명가들이 충분히 우려할 만한 상황이었다. 관군에 의한 노동자 학살 소식에 흥분한 붉은군대가 아무리 판단력을 잃은 상태에서 저지른 일이라 해도, 정식 재판 없는 총살 그 자체는 당연히 좋은 일은 아니었다. 하지만 혁명가 쪽의 '적색테러' 규모가 10명의 반대자였던 반면, 관군과 뮌헨 내 반혁명 세력의 살생은 얼마나 많았던가? 관의 공식 통계만 봐도 소비에트 공화국이 진압되었던 1919년 5월 1일부터 8일 동안 뮌헨에서 관군의 손에 577명이 죽었는데, 그중 '신분 불분명'으로 처리된 42명은 아마 혁명과 무관한 이들이었을 것이다. 군사재판이 총살형을 내린 186명 중 다수는 그 어떤 폭력 행위와도 무관했던 좌파적 노동자들이었다. 그런데 과연 이 백색테러의 광란은 나중에 파시스트들이 바이에른 소비에트 공화국을 기억하는 방식에서 조금이라도 가시적으로 남아 있었던가?

물론 전혀 아니었다. 백색테러는 "유대인 볼셰비키에 대한 진압과 질서 회복"의 이름으로 간단하게 정당화되거나 아예 망각의 영역으로 사라지곤 했다. 그 대신 "10명의 희생자를 학살한 유대인 볼셰비키의 잔혹성"(물론 실제로 총살을 감행한 사람들 중에 유대인은 1명도 없었다)만이 강조되고, '10명의 인질'은 숭배 대상에 올랐다. '10명의 인질 학살'에 대한 책 등이 계속 출판되고, 그들을 기념하는 대중궐 기대회가 1930년대 말까지 정기적으로 소집되었다. 책·정간물·대회연설들은 목청을 높여 '유대인 볼셰비키의 무자비한 폭력성'을 질타했다. 이미 죽음의 수용소들을 운영하고 있었던 독일에서 말이다.

정도의 차이는 있지만, '우리' 국가의 폭력을 숨기거나 정당화하고 내·외부 타자들의 '폭력성'만을 그 어떤 균형도 잡지 않고 무조건 강조하는 것은 한국의 공식 담론에서도 그대로 나타난다. 노동자나 시위자 등의 '내부의 적'에 대해서도 그렇지만, 특히 주된 '외부의 적'인 북한에 대해서 아주 그렇다. 남한의 공식 담론에서 북한은 늘 '도발자', 곧 폭력 행위자로 나타나고 남한의 역할은 묵시적으로 '방어'로 규정된다. 그러나 실제로 남한은 과연 '희생자'이기만 했던가? 요즘 북방한계선(NLL)에 대해 말이 많지만 실은 1953년 당시 미군이 그 선을 그었을 때에 주된 목적은 남한 해군의 대북 도발 방지였다. 그때만 해도 '북진 통일'은 이승만의 공식 이념이었기에 남침보다 북침이 더 걱정될 만한 일이었다.

천만다행으로 대규모 북침은 없었지만, 북한에 대한 소규모 도발, 곧 공작원 파견은 계속됐다. 크게 축소된 것으로 보이는 공식 통계를 봐도 1953~1972년에 남한이 양성해 올려보낸 북파 요원은 약 1만3000명이었고, 그중 7519명이 임무 수행 중 전사했다. 반대로, 알려져 있는 북한의 남파 공작원 수는 1953~1999년 6446명이며, 그중 1644명이 사살됐다. 그러니까 정보 수집부터 파괴·살인까지 다양한 임무를 띤 무장 공작원들을, 1972년 이후의 공작원 북파를 인정하지 않는 제한된 통계만 봐도 남한이 북한보다 두 배 정도 많이 보냈다. 우리는 정말 '방어자'이기만 한 것일까? 그리고 7519명의 북파 공작원이 전사했다면, 그들이 수행한 공작 등에 희생된 북한인은 과연 몇 명일까? '북한 도발'에 비분강개하는 우리는 과연 우리의 폭력에 희생된 '그쪽' 동포의 유족에게 사죄·보상이라도 해주어야 하지 않겠는가? 그런데 아쉽게도 우리는 '외부의 적'에 의한 폭력은 기억해도 대한민국이 저질러온 폭력에 대한 기억은 늘 지우려고 한다.

'내부의 적'에 대한 태도도 그 본질상 같다. 물론 광주민주항쟁이나 1987년 6월 시위들의 '폭력성'은 온건 보수 매체들도 함부로 들먹이지 않는다. 저항의 방법이 무엇이었든 억압자들의 폭력성은 그것과 비교도 안 될 정도로 압도적이었다는 것을 다들 기억하기 때문이다. 그러나 형식적인 민주화가 이루어진 뒤의 시위에 대해서는, 보수 매체들이 보통 그 원인이나 요구사항을 묻지도 않은 채 그저 "폭력 시위"라고 매도한다. 예컨대 1996년의 연세대 사태 때 의경 한 명이 돌에 맞아 죽고 수십 명이 골절이나 뇌진탕 등 중상을 입은 것은 안타깝고 한탄스러운 일이지만, "전장을 방불케 하는 폭력 시위 현장"을 자극적으로 묘사하고 "친북 단체 한총련의 폭력성"만을 질타했던 보수 매체들은 한 가지 간단한 질문을 절대 던지지 않았다. 한총련이 연세대에서 열었던 통일대축전을 왜 불허·봉쇄하고, 왜 제대로 훈련도 받지 않은 의경들을 마구잡이로 모아 무조건 초강경 진압 일변도로 대해야 했는가라는 질문이다. 당시 위기에 빠진 김영삼 정권이 "친북 폭력 시위자"들에게 부상당한 의경의 모습을 전국에 과시함으로써 학생운동권의 명분을 파괴하고, 이로 인해 보수층 사이에서 '점수'를 얻으려고 했던 건 아니었을까? 수십 명의 시위자들도 안구 파열이나 골절 내지 그 이상의 중상을 입었지만, 그 부분은 물론 미디어에 크게 노출되지 않았다. '저들'은 '폭도'이고 '우리'는 오로지 '질서'만 지키기 때문이다.

히틀러 시대든 오늘이든 '우리' 국가의 폭력성을 철저히 은폐한 채 내·외부의 '적'만을 '폭력 행위자'로 묘사하고, 그 '폭력 행위자'들이 파괴하려고 하는 지배·억압의 일상을 당연하고도 좋은 '질서'라고 선전하는 것은 '갑'들의 상투적인 담론 전략이다. 그런데 대법원이 아무리 '불법 파견'이라고 판결해도, 국내 최대 자동차업체가 그 판결을 이행할 의지조차 보이지 않는 사회의 '질서'는 정말 좋은 질서인가?

주먹이
군림하는
사회

계급사회의 역사는 폭력의 역사다. 폭력이 없으면 불평등한 사회의 유지는 불가능하다. 그러나 사회의 유형에 따라 그 사회 내의 위계질서 유지를 위한 폭력의 형태도 달라진다. 계급의 발생 이후 오늘날까지 계급적 폭력을 시대에 따라 세 가지 유형으로 분류해볼 수 있을 것이다.

노골적이며 신체적인 전통사회의 신분적 폭력은 평민 이하의 신분들에 공포를 심어주어야 했다. 노예나 농노가 주인의 채찍을 일상적으로 두려워해야 했던 것이다. 정의를 가장한 지배자들의 폭력이 그 지배자들에게 '위엄'을 높여주는 것이 전통사회다.

18~19세기 부르주아 민주혁명 이후에는 적어도 '시민'의 타이틀을 단 유럽 사회의 주류, 즉 중산층 이상의 백인 남성 성인은 폭력으로부터의 자유를 획득했다. 커다란 진보임에 틀림없지만 문제는 그들의 신체적 자유는 사실상 그들만의 특권이었다는 사실이었다. 가난뱅이나 흑인 등 식민화 당한 '유색인종', 그리고 여성이나 어린이들은 여전히 신체적 폭력에 노출돼 있었다.

1945년 이후의 각종 변혁운동들은 또다시 폭력의 지형을 바꾼다. 가면 갈수록 비주류에 대한 주류, 즉 '시민'계층의 폭력이 어려워진다. 내가 사는 노르웨이만 해도, 비서구인 이민이 시작됐던 1970년대에 유색인종에 대놓고 인종적 모욕을 하거나, 학교에서 이민자 자녀들을 때리고 괴롭히는 것이 다반사였다. 그러나 지금은 폭력은 물론이거니와 인종적 폭언만 해도 소송감이다. 그 사이에 그만큼 신체 자유가 백인만의 특권에서 일반적 권리로 확산된 것이다. 학교든 집안이든 어린이에 대한 체벌 등의 학대가 스웨덴에서는 1979년에, 노르웨이에서는 1987년에 각각 전면 금지됐다. 태어나자마자 어린이도 '시민'이 된 셈이다. 노르웨이 군대에서는 약 9%가 각종의 괴롭힘을 경험한 것으로 나타나지만, 물리적 폭력 피해율은 약 1% 정도이며, 심한 구타 등은 최근 수십 년 동안 들어보기 힘들었다. 후기 자본주의 사회는 원자화된 개개인에 경제적으로 공포를 안겨주고 생존을 불안하게 함으로써 경제적 폭력을 행사한다고 할 수 있지만, 핵심부나 준핵심부의 산업화된 사회들은 과거와 같은 신체적 폭력을 점차 멀리하게 되는 추세다.

그렇다면 한국은 어떤가? 적어도 '시민'에게 신체의 자유를 가져다준 민주혁명은 (비록 미완의 형태긴 하지만) 1987년에 일어났다. 박종철을 죽인 신체적 폭력은 그 혁명의 도화선이 됐다. 미완의 혁명이었던 만큼, 그 효능도 당장 느껴지지는 않았다. 1990년대 초반까지만 해도 '시민'이라고 할 정치범들은 계속 고문을 당해야 했다. 하지만 김대중 집권 이후에는 사형 집행의 정지와 함께 '시민'에 대한 고문도 거의 종적을 감추었다. 하지만 '시민'으로 개념화되지 않는 빈민 출신의 '잡범'이나 탈북자 등 이 사회의 주변 분자들에 대한 광의의 폭력이라 할 수 있는 강압 수사 관행은 지금까지 이어져 온다. 물론 1990년대 중후반이 하나의 기점이 되어서 한국 사회의 주변부도 점차 탈폭력화되기 시작했다. 예컨대 1994년만 해도 416명에 이르던 연간 군내 사망자(사고사, 자살, 가혹 행위로 인한 사망 등을 포함하여) 수는 2000년에 이르러 182명으로, 거의 절반 이하로 떨어졌고 그 뒤에도 계속 하강 곡선을 그었다. 한국 사회의 병영화가 한창이던 1975년에 1555명이나 군에서 죽음을 맞이했다는 사실을 염두에 둔다면, 커다란 개선이 아닐 수 없다. 2010년부터 진보적 교육감에 의해 시작된 학생인권조례 공포는, 한국 사상 최초로 교내 체벌을 실효적으로 금지해 피훈육자의 신체를 훈육자의 '물건'으로 다루었던 관행을 깬 역사적 사건이었다. 이러한 측면에서 본다면, 한국에서도 늦게나마 '시민'뿐만 아니라 사실상 '2등 시민'의 위치가 강제로 부여된 사회의 주변층까지도 점차 신체적 자유를 얻어가는 것이다.

하지만 또 하나 분명한 것은, 탈폭력화의 조류와 함께 이에 대한 역류도 엄연히 존재한다는 것이다. '시민', 즉 중산층 이상의 한국인 남성은 폭력의 악몽에서 거의 벗어났지만, '시민'들이 하기 싫은 일을 대신 해주고 '시민'들의 재생산을 가능하게 해주는 외국인 노동자나 여성, 어린이, 빈민, 강제 징집당한 군인 등은 계속해서 그 악몽 속에 산다. 가난한 가정 출신의 한 학생이 체벌당해 결국 뇌사에 빠져 숨진 그 다음 날에도 교사의 학생 폭행이 계속 이어졌던 순천 금당고의 사건이 잘 보여주듯이, 교육 현장의 훈육자들은 아직도 학생의 신체를 그 누구도 물리력으로 건드릴 권리가 없는 그 학생만의 것으로 여기지 않는다. 주로 어려운 가정의 출신들이 가는 학교나 일반 운동부 선수들의 (코치나 선배로부터의) 폭력 피해율이 지난 10여 년간 78%에서 28%로 뚝 떨어지긴 했지만, 아직도 잊을 만하면 스포츠계 내지 체대 내 '폭력 사건'들이 터진다. 체대가 모델로 하는 군에서는, 젊은이들이 여전히 폭언과 폭력 속에서 지배자들이 원하는 '진짜 사나이'로 순치돼야 된다. "군 구타가 사라졌다"는 말이 얼마나 새빨간 거짓말인지, 최근에 계속 벌어지고 있는 사건들이 반증하고 있다. 매우 축소된 것으로 보이는 몇 년 전의 조사 결과로 봐도 군에서의 구타 피해율이 14%에 이른다.

아주 걱정스럽게도, 군에서 '진짜 사나이'들의 잔혹성이 극우정권하에서 더 짙어지는 경향을 보이는 듯하다. 권위주의 정권의 막바지인 1990년에 군에서의 연간 자살자는 172명이었다가 김대중, 노무현 정권하의 구타 근절 캠페인 등이 주효해 2005년에 64명으로 줄었다. 일반 사회의 자살률이 급증했음에도 구타 근절의 노력이 군 자살자 수를 축소시킨 것이다. 그러나 군 자살자는 다시 소폭으로 증가돼, 2011년에 97명이나 됐다. 도대체 몇 명의 젊은이들이 폭력과 폭언 속에서 자존감이 바닥으로 떨어져 이 사회가 만들어낸 삶에 대한 모든 희망을 다 접고 극단적 선택을 해야 우리가 '총력안보'가 아닌 생명과 평화를 최고의 가치로 받아들일 수 있을 것인가?

학생, 운동부 선수, 여성, 징집당한 젊은이 이상으로 한국에서 신체적 폭력에 노출된 이들이 외국인 노동자다. 체벌당한 학생이나 구타당한 군인의 사망은 그나마 '뉴스'라도 되지만, 구타당한 외국인 노동자의 사망은 아예 보도되지 않거나 단신 보도로 처리된다. 2014년 2월 14일에 스물여덟 살의 인도네시아 선원이 한국 어선에서 조업 중 구타로 사망했는데, 그는 배멀미를 지나치게 하고 몸이 약해 일을 못했다는 '이유'(?)로 상습 구타를 당해 결국 십이지장이 파열돼 복막염으로 죽었다. 나도 학생 시절에 동급생으로부터 구타를 당해봤지만, 십이지장이 파열될 정도의 상습 구타라는 게 어떤 것인지, 가히 상상조차 할 수 없다. 그 선원뿐일까? 외국인 선원들에게 한국 어선은 거의 해상 고문실처럼 체험된다. 언어폭력까지 포함하면 피해율은 94%에 이르며, 구타 피해율은 43%나 돼 권위주의 정권 시절의 내무반이라 할 정도다. 한국 어선에서 피부색이 까만 외국인에 대한 폭력성의 정도는, 200년 전 미국 남부 백인 목화농장의 흑인 노예에 대한 폭력을 방불케 할 수준이다.

탈폭력화 시대에 한국의 '2등 시민'이나 '비국민'(외국인)들이 계속 최악의 신체적 폭력에 노출되는 이유는 무엇일까? 간단히 이야기하면, 신자유주의적 격차사회와 박정희식 군사문화의 중첩이라 하겠다. 돈과 '빽'이 있어 좋은 학교에 가고 군에서 좋은 보직을 받을 수 있는 젊은이야 '시민'답게 신체적 자유를 지킬 수 있을지도 모르지만, 가난한 외국인, 학생, 병사는 기합, 얼차려, 주먹놀림에 노출될 확률이 훨씬 더 높다. 우리는 병영형 신자유주의 사회에서 살고 있으며, 세계에서 그 유례를 찾기 드문 주변자들에 대한 폭력은 이 사회의 주된 특징이다. 따라서 폭력 근절 투쟁은 궁극적으로 안보주의적 신자유주의와의 정면 투쟁으로 연결되지 않을 수 없다. '진짜 사나이'로 순치된 신체들을 경쟁적 돈벌이로 몰아넣어야 하는 이 사회에서는, 주먹이 계속 군림할 것이다.

한국적
특색의
신자유주의

　요즘 세상이 돌아가는 모양을 보면 흥미로운 현상 하나가 발견된다. 우리가 흔히 '선진국'이라고 높여 부르는 세계 체제 핵심부 국가들이 과거에 국민국가의 상징이었던 징병제를 줄줄이 폐지하고 있는 것이다. 애당초 일본과 한국 징병제의 모델이었던 독일은 2011년부터 징병제를 폐지했으며, 세계에서 제일 오래된 프랑스 징병제는 이미 2001년에 없어졌다. 유럽에서 징병제가 아직 남은 나라들은 그리스나 스위스, 덴마크, 오스트리아, 핀란드, 노르웨이 등인데, 노르웨이의 경우 남성들의 실제 현역 복무율은 이제 20% 이하로 떨어졌다. 즉, 명목상의 징병제는 존재해도 9개월에서 11개월 정도의 의무 복무를 실제로 하는 남성들은 소수에 지나지 않는다.

핵심부, 즉 북미, 일본, 그리고 유럽에서 징병제는 이제 거의 자취를 감추어가고 있지만, 터키나 한국 등 일부 준주변부 국가에서는 오히려 징병제를 중심으로 하는 군사주의 분위기가 유지될 뿐만 아니라 강화되기까지 한다. 특히 한국의 경우는 눈에 띈다. '군기 풀린' 노르웨이 따위와 대조적으로, 한국 남성들의 현역 복무율은 89% 정도다. 거기에다 세계의 산업화된 국가들 중에서 유일하게(!) 여전히 대체복무제가 없다. 2013년 말 한 여론조사를 보면 응답자의 68%가 양심적 병역거부자를 위한 대체복무제도의 도입에 찬성하지만 박근혜 정부는 끄덕도 하지 않는다. 아니, 그 반대로 안보주의 광풍으로 군사주의적 분위기를 부추기는 데 혈안이 되고 있다.

2014년 2월 4일, 한 사설 극기훈련캠프에서 화생방 훈련을 받으면서 연기가 가득 찬 방에서 얼굴을 손으로 감싸며 괴로워하는 초등학생들의 사진이 여러 매체에 게재돼 파문을 일으켰다. 열 살 안팎의 아이들에게 고문을 방불케 하는 전쟁 훈련을 시키고도 전혀 반성의 기미를 보이지 않는 그 캠프 운영 업체나 학교 당국 등을 보면, 광적 군사주의의 분위기란 무엇인지 실감난다. 초등학교부터 아이들을 미래의 군인이 되게끔 심신의 준비를 미리 시켜놓는 이런 극기훈련캠프나 해병대캠프는 전국적으로 수십 개나 있으며, 이번 정권의 안보주의 바람을 타고 성황을 이룬다. 그 전해 여름처럼 그런 곳에서 고교생 5명이 사고사를 당해도 영업에 달라지는 것은 없다. 미래의 총알받이 준비 과정이라는 숭고함(?)이 아이들의 고통을 정당화시키는 모양이다.

한국 보수주의자들이 열심히 '벤치마킹'하려는 핵심부 국가들에서 신자유주의를 수반하는 극단적 개인주의는 징병제의 원리와 정면충돌한다. 사회에 더는 기대지 못해 무한 경쟁의 질풍노도를 혼자 힘으로 헤쳐나가야 하는 젊은이들로서는, 그들에게 가면 갈수록 복지서비스를 덜 해주는 국가를 위해서 인생의 소중한 시간을 왜 낭비해야 하는지 도저히 납득이 되지 않는다. 한편으로는 신자유주의 시대 전쟁의 대부분은 지정학적 위치가 중요하거나(아프가니스탄) 많은 자원을 보유하는(말리: 우라늄, 이라크와 리비아: 석유 및 가스) 주변부 국가들에 대한 불법 침략의 형태를 띠기에 명분 없는 자원 약탈에 동원되기 어려운 징병제 군대보다 명분에 무관심한 전문가 집단인 모병제 군대가 훨씬 편하기도 하다. 결국 지배자의 이해관계와 피지배층의 성향이 절묘하게 맞아떨어져 징병제, 즉 '국민' 집단 전체의 군사화가 그 종언을 고하게 된 것이다.

그러나 우리의 경우는 유럽과 사뭇 다르다. 1987년 6월에는 일시적으로 혁명적 상황이 조성됐지만 미완의 혁명으로 끝난 만큼, 즉 민주혁명을 완성하지 못한 만큼 한국에서 피지배자들은 국가와 감히(?) 거래를 하지 못한다. 한국의 공공 복지지출(국민총생산의 약 9%)은 프랑스(33%)나 스웨덴(28%)과는 비교조차 하기 어렵고 터키(12%)보다도 낮은 수준인데, 즉 산업화된 국가들 중에서 가장 낮은

편에 속하는데도 한국 젊은이들은 "나를 위해 아무것도 해주지 않는 국가를 지키려고 내가 왜 21개월이나 고생해야 하냐"고 공공연하게 따지지 못한다. 우리가 국가와 동등한 입장에서 사회적 계약을 맺어 거래하는 것이 아니고 국가에 여전히 복속돼 있기 때문이다.

일면으로 한국 지배자들은 유럽과 달리 군대를 군사적 도구로만 생각하지 않기도 한다. 군사 대치 중인 북한에서도 군에서 특권층에 속하지 않는 젊은 남성들을 정치적으로 사회화시키는 것처럼, 남한에서도 군은 일차적으로 제2고등학교, 즉 사회화기관이다. 거기에서는 '무기' 그 자체보다는 신체의 유순함, 즉 구령에 따라서 조건반사적으로 몸이 움직여지는 것을 익히고, 나아가서는 별다른 개인적 평가 없이 '윗사람'의 말을 무조건 듣는 것, 어떤 불합리한 상황이 만들어져도 무조건 참고 견디는 것, 그리고 때가 되면 남 위에서도 군림해보는 것을 배운다. 폭언과 무의미한 명령에 지쳐서 반항심이라도 생긴다면? 군목이나 군법사, 군신부에게 가서 적응과 인내야말로 신 내지 부처님의 뜻이라는 의미의 '인내심 주사'를 맞아 계속 버티면 되는 것이다.

유럽 같은 핵심부든 한국 같은 준주변부든 신자유주의 시대는 개체들의 원자화, 개개인의 소외와 고독의 증폭, 사회적 연대의 파괴를 의미한다. 그러나 각 지역의 경제적 상황, 각국 지배집단의 이해관계에 따라서 그 구체적 사정은 서로서로 꽤나 다르다. 상당히 탈산업화된 유럽에서야 지배자들이 국가 자체까지도 상대화시키는 개

228

인주의의 범람을 허용할 수 있지만, 아직도 저임금 비정규직 노동력이 뒷받침해주는 제조업의 제품을 팔아서 자본을 축적해야 하는 한국 재벌들로서는 일단 피지배자들을 일차적으로 '훈련'시켜야 할 필요성이 있다. 아직도 임금 근로자 중에서는 400만 명이나 4대 사회보험에 가입돼 있지 않아 질병과 실업, 산재에 그대로 노출돼 있으며, 평균 연간 노동시간이 세계 최장인 2092시간에 이르고 연간 산재 사망자가 2000명 정도 돼 터키, 멕시코에 이어 세계 3위를 자랑(?)하는 한국에서는 피지배자들의 절망적인 반항적 움직임이나 대규모 반항 행동의 가능성을 전혀 배제할 수 없다. 그러나 그 가능성을 줄이고 약탈과 배제를 당하는 이들이 여전히 맞교대나 끝이 보이지 않는 야근, 특근, 잔업을 순순히 받아들이게끔 하자면 해야 하는 것은? 맞다, 그들에게 일찌감치 조건반사적 복종의 훈련, 즉 순치 훈련을 시키는 것이다. 바로 군에서. 한국 군대는 군사기관인 동시에 종속적 신자유주의를 지탱해주는 유순한 '인력'의 양성기관이다.

꽃다운 나이에 연애나 즐기고 취업 준비나 해야 하는 청년들을 사회와 격리시켜 반복적인 복종 훈련을 시키는 것은 사실 개개인으로서 자연스럽게 받아들이기 어려운, 매우 가혹한 처사다. 이렇게 부자연스러운 상황을 그들이 자연스럽게 받아들이게끔 하자면 어떻게 해야 하는가? 맞다, 바깥 사회까지 군사화시켜야 병영 속에 갇히는 게 자연스럽게 느껴질 것이다. 일반 사회 전체에서 '군기 잡는' 분위기는 박근혜 정권 이전에도 있어왔지만 안보주의 정권의 이데올로기에 힘입어 강화됐다. 초등학생부터 초로의 직장인까지 신자유주의 시대판 새마을운동이라고 할 각종의 '극기훈련'을 종종 받게 해 '한시적 유사 군인'으로 만드는 것이 하나의 커다란 병영을 방불케 하는 한국 사회의 현실이다. 무릎을 굽히고 양팔을 앞으로 쭉 뻗은 고통스러운 '기마자세'를 세 시간이나 참으면서 '주인인식'을 복창해야 하는 신한은행의 신입사원 연수 프로그램이나 100킬로미터 야간행군을 골자로 하는 국민은행의 연수 프로그램은 웬만한 군사훈련을 능가할 정도다. '우리 회사 사랑'을 신체적으로(?) 익히는 고통스러운 훈련 장면을 담은 동영상이 가끔 인터넷에서 공개돼도 해당 기업 관계자들이 "우리 전통"이라고 자랑스럽게 이야기하는 것으로 끝나는 사실로 미루어봐도 우리에게 전국 병영화는 비공식적 '국시'에 해당된다.

한국적 신자유주의는 개개인의 원자화와 유신 시절식 군사주의의 조합을 특색으로 한다. 국가와 군대, 기업의 '조직문화'는 서로 소외된 개개인을 같이 연결시키면서 체제의 이데올로기를 사회통념으로 만든다. 우리가 수평적 연대를 통해 이 괴물적 행태에 맞서지 않으면 우리 자손들은 대대로 '기마자세'로 '기업사랑'을 외치면서 살아야 할 것이다.

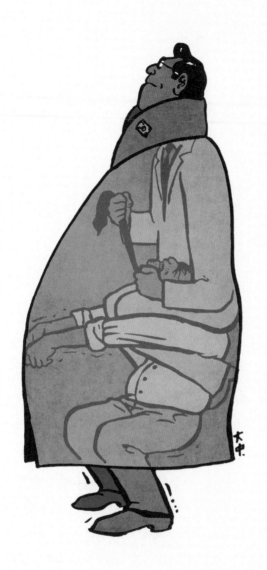

'국익'이라는
합리화

  가자지구에 대한 이스라엘군의 무차별 공격을 참담한 심정으로
보고 있었다. 민간인, 여성, 아이들에 대한 무자비한 도살을 응시만
하고 아무런 제지도 못하는 우리 세계는, 문명의 가면을 쓴 최악의
야만 상태가 아닌가 하는 생각만 계속 들었다. 가자지구에서의 학살
은 최악의 국가범죄인데, 국민국가와 국민국가 사이의 동맹으로 구
성된 우리 세계에서는 최강의 '보스' 미국의 동맹국 이스라엘의 덜
미를 잡을 '국제적 경찰관'이라고는 존재하지 않는다. 이러한 유의
국가범죄들이 횡행하는 세계에서 국제법은 이미 휴지 조각이 됐고,
남은 것은 국제 수준의 '우리가 남이가' 형의 조폭 논리다. 매일 100

명 가까운 팔레스타인 민간인들이 도살을 당해도, 백악관은 "이스라엘의 자위권을 지지한다"고 하면서 이스라엘의 만행을 방관한다.

그런데 상상해보자. 만약 동맹국 이스라엘이 아닌 잠재적 적일 수도 있는 러시아나 중국이 예컨대 우크라이나나 신장 지역 등지에서 이와 같은 학살극을 벌였다면 미국의 반응이 과연 이와 같았을까? 가자에 대한 공격이 '자위권'으로 합리화되는 반면 동부 우크라이나의 분리독립주의자들에 대한 러시아 쪽 지원이 경제제재로 대응해야 마땅할 '범죄'로 백악관 대변인에 의해서 규탄당하는 이유는 무엇일까? 그 어떤 보편적인 기준도 더 이상 통하지 않고 열강 각축의 현장에서 힘과 '내 편, 네 편' 논리만 통하는 세계는 위험천만한 곳이다. 특히 미-일-한 블록과 중-러-북 블록으로 양단돼 양쪽 군사력이 첨예하게 대치하는 한반도에서는 미국이 주도해온 국제법의 파괴는 잠재적으로 생명과 평화에 대한 위협을 가중시킨다. 가자에서의 학살을 보면서 참담한 심정과 함께 우리 자신에 관한 공포감까지 느끼게 되는 한 가지 이유는 바로 여기에 있다.

이밖에 가자에서의 참극이 우리와 무관하지 않은 이유는 바로 이스라엘 사회의 내부 결속 논리에 있다. 비록 일부의 이스라엘 유대인들이 가자에서의 참전을 거부하고 수천 명이 모이는 평화 집회를 조직하긴 하지만, 평화 진영은 이스라엘 유대인 사회의 소수에 불과하다. 약 80~90%의 이스라엘 유대인들은 가자 학살을 지지하고, "하마스의 철저한 박멸"을 주문했다. 학살 와중에 이스라엘 군인들의 사망 소식이 잇따라 전해져도 달라지는 것은 없다. 온 사회가 전쟁 광풍으로 똘똘 뭉쳤다 해도 과언이 아닐 정도로 이스라엘에서는 '전시 국민 단결'이 절대적이다. 이 광풍의 기원은 어디에 있는가?

총으로 세워지고, 선주민인 팔레스타인 사람들과의 대치 속에서 살아온 이스라엘인 만큼, 군의 위상은 (최근에 약간 약화됐어도) 여전히 절대에 가깝다. 군은 사회의 '기본 조직'이며, 징병제 군에서의 복무는 '시민'을 만드는 통과의례다. 정부에 대한 비판은 난무해도 전쟁 중의 군대는 신성불가침하다. 거기에다 오랫동안 이루어져온 '하마스'에 대한 악마화의 효과도 만만치 않다. 이슬람주의 세력 지원을 통해 세속적 민족운동을 약화시키려는 이스라엘 첩보기구들이 스스로 하마스의 창립에 관여했음에도, 하마스의 힘의 근원이 종교적 광신보다 주민들에 대한 복지서비스 제공에 있음에도, 하마스가 이스라엘을 파괴할 의도도 그럴 만한 역량도 없음에도, 대다수 이스라엘 유대인들에게 하마스는 박멸해야 할 '테러조직'일 뿐이다.

이와 같은 악마화가 가능한 기본적인 이유는 아랍인에 대한 전체적인 인종주의적 배척 분위기 때문이다. 여론조사마다 약간 다르게 나오지만 대략 60~70%의 이스라엘 유대인들은 아랍인들이 "지능이 떨어지고 문화가 없다"는 등 "열등하다"고 확신하며, 약 70~75%는 유대인과 아랍인이 같은 아파트에서 산다는 것은 불가능하다고 생각한다. '광신적·후진적인 아랍인'의 왜곡된 이미지는 자칭 '선진국' 이스라엘의 집단 정체성의 기반을 이룬다. 이와 같은 담론적 폭력은, 결국 오늘날의 학살극으로 이어진다.

　이스라엘의 전쟁 광풍은 궁극적으로 극도로 군사화된 사회에서의 오리엔탈리즘적 아랍인 비하와 '적'에 대한 극단적 악마화의 분위기에서 가능해진 것이다. 한반도에서는 다행히도 아직까지 포성이 들리지 않는다. 그러나 포성이 들리지 않는 것은 전쟁의 부재지 평화의 도래는 아니다. 평화를 이루려면 한 사회를 탈군사화해야 하고, 어릴 때부터 군인이 아닌 시민을 키워야 하고, 이웃 나라 사람들에 대한 평등하고 존경스러운 태도를 일찌감치 가르쳐야 한다. 이런 차원에서 우리의 현주소는 어디쯤일까?

　군사화 정도로는 대한민국이 이스라엘을 능가한다. 종교 근본주의자('하레딤') 등에게 병역특혜를 주는 이스라엘에서는 남성 병역 면제율이 27%나 되지만, '예외 없는 징병제'의 나라 대한민국에서는 면제율이 6.4%에 불과하다. 이스라엘은 제한적으로나마 병역거부권을 인정하지만, 한국은 절대 인정하지 않는다. 이스라엘 교육 속의 배타적인 군사적 애국주의 이데올로기는 인권 단체 등의 비판을 받아왔지만, 대한민국의 '나라사랑교육'은 과연 어떤가? 서울 강동구의 어느 초등학교에서 한 여학생이 '나라사랑교육'의 일환으로 군의 현역 소령이 보여준 '북한에서의 강제 낙태, 영아 살해' 등 선혈이 낭자한 영상을 보다가 울음을 터뜨려 화제가 된 일이 있다. 현역 군인에 의한 이와 같은 '북한 증오 교육'이 다수의 학교에서 버젓이 이루어져도 거의 비판의 목소리가 들리지 않는 것이 바로 대한민국이다. 비록 지금이야 포성이 들리지 않지만 이 정도로 군사화되고 북한이라는 타자에 대한 증오가 '상식화'된 나라가 언젠가 잔혹한 전쟁에 휘말린다면, 과연 이를 제지할 만한 세력이 이스라엘 이상으로 영향력을 발휘할 수 있겠는가?

늘 폭력, 폭언, 사고가 끊이지 않는 군은 또 다른 총기 난사 사건이 일어날 때마다 언론으로부터 뭇매를 맞는다. 한국의 군대는 이처럼 더 이상 성역이 아니다. 하지만 보수주의적 관념 탓에 "우리를 먹여 살리고 있다"는 재벌들의 대외 진출, 즉 외국에서의 자원 약탈의 참여는 거의 여론 비판의 대상에 오르지 않는다. 비정규직 양산에 앞장서고, 골목 상권까지 침탈해 영세민의 줄도산에 결정적 역할을 하는 재벌들은 실제로 다수 한국 서민의 실익에 적대적일 뿐이지만, 그들의 모든 대외적 행각들은 모두 '국익' 차원에서 합리화되는 것이 우리 사회다. 예컨대 얼마 전 대우인터내셔널의 미얀마 가스전 개발이 수많은 인권, 환경 문제를 수반했음에도 한국 언론에서는 비판적 검토를 시도한 적조차 없었다. 만약 언젠가 유전과 가스전이 많은, 어떤 새로운 이라크를 미국이 공격하기로 마음먹어 한국군에게 파병을 요구하면 과연 '국익', 즉 한국 업체들의 외국 자원 약탈을 우선시하는 자본의 이데올로기가 파병 반대 여론을 다시 한번 잠재우지 않을까 걱정이다.

이스라엘 주류의 반아랍 인종주의에 국제적 비판이 쇄도하고 유럽국가들마저도 하마스 악마화에 회의적이다. 그렇다면 대한민국은 자국과 다른 나라들을 차별하지 않고 공평하게 취급하는 그런 세계관을 가르치는가? 중국이나 러시아에 한국 재벌들의 엄청난 경제적 이익이 걸려 있어 한국 언론들이 그들에 대한 노골적 비난을 삼가지만, 항상 '시장'이나 '투자처', 아니면 '자연자원의 보고'로서, 즉 이용 대상으로서만 다룰 뿐 그 주민에 대한 친근감을 키우려 하지는 않는다. 그리고 은근슬쩍 '우리 자유민주주의'가 저들의 '후진적 독재'보다 우월하다는 자만감을 내비친다. 중국과 러시아에 대해선 자제라도 하지만 위의 '나라사랑교육' 경우에서 봤듯이 북한에 대한 악마화는 이스라엘의 하마스 악마화보다 더 철저하다. 모든 북한인을 '세뇌 당한 김일성교의 광신도'로 그리려는 보수적 매체들은 결국 차후 남북한 사이의 유혈 충돌을 위한 토양을 부지런히 만드는 셈이다.

범죄국가 이스라엘과 다르지 않게 극도로 군사화된 우리 사회도 국가의 중추 집단(즉, 재벌)의 부당한 대외 행위를 '국익' 이름으로 합리화하려는 경향이 강하고, 이웃 나라들을 열등시하거나 악마화하는 등 평화 준비보다 전쟁 준비에 더 열중한다. 우리도 이웃들을 이해하고 연대하려는 열의가 약하다. '국익'이라는 이름의 국가·자본 이기주의를 극복하려는 의지가 박약하다. 가자 학살의 참극이 우리에게 자성의 기회를 제공하기를 바랄 뿐이다.

우리에게
과연 인권이
있는가?

　현대사를 공부하다 보면 재미있는 현상을 발견한다. 1970년대 구
미권의 '코리아 인권 문제'에 대한 대부분의 발간물에서 '코리아'는
북한이 아닌 남한을 뜻했다. 그 당시 남한 인권 상황에 대한 구미권
의 중론은 한마디로 '최악'이었다. 유신정권이 해외에서 한 납치 행
각 등 국제범죄나 국내에서의 의문사·고문 등은 물론이거니와, 세
계 최장의 노동시간과 세계 최악의 산재율을 감수해야 했던 노동자
의 삶 하루하루는 인권침해 그 자체였다. 1980년대에도 사정이 별
반 달라지지 않았다. '코리아 인권 문제', 즉 남한의 인권 상황은 구
미권 운동가들의 초미의 관심사였다. 양심이 있는 한국학 학도라면

잠깐이나마 한국에 가서 노동자·농민들의 삶과 투쟁을 기록해 세계에 알리는 것이 학계 일각에서 일종의 통과의례였다.

그런데 1990년대 초반부터 '코리아 인권 문제'라는 문구의 의미가 돌연히 달라졌다. '코리아'는 이제 남한이 아닌 북한을 의미하기 시작했다. 북한이 어차피 곧 붕괴되리라고 대부분의 관찰자들이 믿었던 1990년대 초반에는 조금 덜했지만 북한의 지속적 생존을 확실시하게 된 1990년대 후반 이후에는 인권 문제에 대한 제기를 넘어 북한을 '나락'으로 악마화하는 각종 '수기' 등이 특히 구미권 시장을 공략해 베스트셀러 대열에 오르기 시작했다. '북한은 악마의 왕국'과 같은 북한관이 서방 주류에서 일종의 통념이 되자 2004년에 미국 부시 정권은, 2006년에 일본은 각각 북한 인권에 대한 특별 법률까지 통과시켰다. '북한 인권' 분야에서 활동하겠다는 각종 비정부기구(NGO)들은 천문학적인 규모의 자금을 미국 정부 등으로부터 지원받기 시작하여 '북한 인권'은 하나의 세계적 '산업'이 되고 말았다.

이와 동시에 남한 인권 문제에 대한 언급들은 구미권 언론 지면에서 슬그머니 사라졌다. 가끔가다가, 예컨대 잊을 만하면 꼭 다시 일어나는 병영 내 총기 난사 사태나 2014년의 일명 '윤 일병 구타 사망 사건'(제28보병사단 폭행 사망 사건) 등 병영 내의 특히 끔찍한 폭력이 폭로될 때 구미권 신문에서도 이를 다루지만, 대개 한국 병영의 현실은 서방에서 은폐되고 만다. 한쪽 '코리아'의 인권을, 평소 인권에 그다지 무관심했던 부시 전 대통령까지 나서서 챙기지만, 또 한쪽 '코리아'에서 아무리 인권침해가 반복돼도 별 관심이 보이지 않는 것은 이상하지 않은가?

그다음 이야기를 전개하기 전에 먼저 두 가지를 못박고자 한다. 첫째, 미국이나 국내 보수주의자들에 의한 정치적 악용 여부 등을 떠나 북한도 남한과 다르지 않게 인권에 대해 심각한 문제를 안아온 것은 엄연히 현실이다. 이유야 고속 경제개발을 위한 정권에 의한 총동원이든 미국에 의한 봉쇄든 간에, 북한 정권도 국권을 위해 인권을 희생시켜온 것은 사실이다. 둘째, 1990년대 초반 이후 서방 언론에서의 남한 인권 관련 문제 제기의 태부족이 물론 어느 정도 남한에서의 일부 긍정적인 변화들을 반영한 면이 있다는 점이다. 물론 '대성공사'(군 정보사령부 중앙신문단)에서의 고문에 준하는 탈북자 신문 때의 폭행이나 각종 '강압수사' 등은 계속 자행됐지만 1980년대 민주화 항쟁으로 그래도 '고문의 천국'이던 대한민국에서도 점차 개개인의 신체 자유에 대한 관념이 뿌리내리기 시작했다. 또한 국가보안법이 존속되는 이상 표현의 자유는 완전하지 않더라도 일단 국가가 관용하는 표현의 범위가 나름대로 넓어진 것도 사실이다. 외형적으로 볼 때 국가의 은밀한 통제보다 역동성이나 발랄함부터 눈에 띄는 서울에 온 외신기자들은, 특히 한국어를 구사하지 못하는 경우 한국을 '인권국가'로 오인할 만도 했다.

문제는, 한국의 인권 현실에 대한 과도한 낙관이 꼭 순진한 오인에 의거한 것만이 아니었다는 점이다. 돈이 궁한데다 미국과 일본의 군사 압박과 정치 공격에 시달려야 하는 북한과 달리 경제대국이자 동북아 중진국가인 남한은 이미 외국 여론까지 영향을 미칠 수 있는 '힘'을 보유하고 있다. 외신에 광고료를 지불하는 굴지의 광고주 중에 남한 재벌들의 해외계열사도 포함돼 있는 상황에서, 특히 경제적으로 생존이 쉽지 않은 종이신문 등으로서 남한 인권 상황에 대한 부정적인 이야기를 굳이 실어 남한 기업들과의 협력을 위험에 빠뜨릴 필요가 잇겠는가? 경제적 제재뿐 아니라, 긍정적인 인센티브도 넘쳐난다. 해외에서 한국 관련 공부나 일을 하는 연구자나 정부관료 내지 언론인 등 중에, 1991년에 설립된 한국국제교류재단에 한 번이라도 신세 지지 않은 사람이 있는가? 특히 이런 신세를 반복적으로 져야 하는 입장에 있는 사람이라면, 인권을 포함해 남한의 어떤 '이면'에 공개적으로 문제 제기를 하기 전에 두 번 세 번 먼저 고민하게 될 것이다. 이와 같은 상황에 국내외에서 꼭 인식됐으면 하는 한 가지 중요한 진실은 계속 대중으로부터 가려져 잘 보이지 않게 됐다. 국권주의적 병영사회 특유의 개개인 인권의 상대화나 경시 내지 부정은 남한의 형식적 '민주화' 이후에도 (북한과 그리 다르지 않은 모습으로) 계속 이루어진다는 사실 말이다. '자유주의 국가에서 말하는 의미의 인권은 과연 남한 시민들에게 있는가'라는 질문에 진지하게 한번 답해보자.

우리에게 가장 궁극적이라 할 수 있는 양심의 자유는 있는가? 있다 해도 국가와 유력 기독권 집단들에 의해 심히 제한된다고 봐야겠다. 양심상 사람을 죽일 생각을 아예 못 하거나, 군대의 존재를 인정하더라도 북한 동포의 가슴에 총을 겨누고 싶지 않은 사람은 감옥에 가서 그다음 평생 전과자, 즉 2등 시민으로 살아야 하거나 해외로 정치 망명을 가야 할 처지다. 옛날에 선교사들이 세운 그 많은 사립학교에서 교수나 교사가 되자면 그 학교가 이미 공교육 체제에 편입돼 있다 해도 본인의 양심과 무관하게 '기독교인'을 자칭해야 하고, 많은 경우 재직 시 무조건 채플에 참여해야 한다. 자유민주주의를 명분으로 내세우는 나라 중에서 이 정도로 개개인의 양심이 짓밟히는 경우가 있는가?

우리에게 가장 인간적이라 할 수 있는 가족 재결합의 자유는 있는가? 만에 하나, 남한 시민의 가족이 북한에 사는 경우에도 재결합, 즉 얼마 안 되는 남은 인생을 함께 보내는 일은 물론이거니와 편지한 장 합법적으로 보낼 수 없다. 보낸다면? 국가보안법 8조 1항 회합통신죄, 형벌은 10년 이하의 징역이다. 물론 세계 어디에서도 볼 수 없는 이런 잔혹한 '혈육 떼어놓기'에 북한 정권도 공범으로 참여한다. 사실 '북한 인권'이나 '남한 인권'을 따로 논하기보다는, 분단·병영화·국권주의 창궐에 시달리는 한반도 전체의 인권 문제를 총체적으로 논하는 것이 더 생산적이지 않을까?

우리에게 가장 근본적이라고 할 수 있는 신체의 자유는 충분히 있는가? 위에서 말했듯이 군사정권 시절에 비해 신체의 자유 관념이 확고해지고 고문은 줄었지만, 탈북자에 대한 '대성공사'에서의 잔혹 행위는 최근까지 이어져왔다. 탈북자뿐인가? 군인권센터의 '군 인권 실태 조사'에 따르면 병영 내 구타 장면을 목격한 응답자는 17.7%에 이른다. 군에서의 구타가 줄었다 해도 여전히 수만 명의 한국 시민이 병영에 징집당해 본인들의 신체에 대한 누군가의 폭력적 지배를 경험해야 한다. 신체 자유의 침해는 아예 어릴 때부터 시작된다. 2014년 '인권친화적 학교+너머 운동본부'와 전교조의 합동조사 결과를 보면, 인권조례가 도입됐어도 60% 정도의 중고생이 체벌을 경험했거나 목격했다고 한다. 약자, 하급자, 훈육 대상자라고 해서 사람을 고문해도 되고 때려도 되는 사회는 과연 민주화된 인권사회인가?

분단과 남북한 사회의 군사화가 지속되고 각종 기득권 집단들의 전횡이 계속되는 이상, 남북한 할 것 없이 한반도 전체가 인권 침해의 지대로 남아 있을 것이다. 북한에 대한 미국 봉쇄의 해제, 군축, 탈병영화, 통일로의 진척이 있어야 우리는 언젠가 사람이 혈육과 강제로 떨어지고 몸으로 구타당하고 마음으로 양심을 포기해야 하는 상황을 벗어나 인권사회에서 살게 될 것이다.

분노의
흐름

　나라, 즉 시민 공동체는 늘 감정의 공동체일 수밖에 없다. 같은 언어를 쓰고 같은 곳에서 일상을 공유하며 또 그 일상 속에서 벌어지는 일들에 대해 같은 언론에서 소식을 얻으면 부득불 집단적으로 감정을 공유하게 된다. 그러나 이런 방식으로 공유되는 감정이란 꼭 자연발생적인 것만은 아니다. 국가나 대자본이 소유하는 언론들이 언론소비자들의 집단 감정 상태를 조절할 수도 있기 때문이다. 언론에 의한 집단 감정 조절의 가장 유명한 사례라면 2002년 월드컵일 것이다. "오늘 응원에 나서지 않으면 간첩이다!"와 같은 메시지가 거침없이 라디오를 통해 나왔다. 응원의 광기에 미국 장갑차에 깔려 죽은 두 여중생도, 민영화를 필사적으로 저지하려는 철도·발전·가스 노조의 공동파업도 다 묻히고 말았다. 얼마 전 철도 민영화에 맞선 투쟁을 또다시 겪은 우리로서는, '4강'이 중요한가 아니면 공공부문을 지키는 게 중요한가를 얼마든지 이성적으로 판단할 수 있을 것이다. 그러나 2002년 당시 언론은 다수의 이성을 마비시키고 말았다. 평소의 애국주의 세뇌 등을 바탕으로 한판의 집단 광란을 벌이게 한 것이다.

한국 사회의 가장 강력한 집단 감정 중 하나는 바로 분노다. 이상할 것도 없다. 근·현대사의 고통에 대한 집단기억도 한몫을 하리라. 하지만 한국인 개개인의 삶은 비교 가능한 산업화된 국가들의 주민 대부분에 견줘 훨씬 더 고통스럽기에 당연히 분노심이 쉽게 일어나는 것이다. 한국과 멕시코는 경제협력개발기구(OECD) 회원국 가운데 연간 평균 노동시간이 가장 긴 것으로 알려져 있다. 산재사망률도 최근 10년 1~3위를 다투고 있다. 한국에서 구직급여(실업수당)를 받을 수 있는 최장기간은 240일에 불과하지만, 유럽은 위기에 봉착한 그리스조차 450일 동안 실업급여 수령이 가능하다. 직장이나 학교에서 받는 스트레스의 정도나, 사회복지의 부실함으로 봐도 한국 사회의 생산능력에 비해 한국인의 삶은 대단히 고통스럽다. 이런 사회에서 기본적 사회 심성으로서의 분노심을 잠재울 수 있겠는가?

국가와 언론이, 분노 자체를 잠재울 수는 없지만 그 흐름의 방향을 다수가 눈치채지 않게 살짝 조절하는 것은 충분히 가능하다. 병역기피자 신상 공개 문제를 짚어보자. 한국 군대는 한국 사회의 모든 모순들이 집중된 시공간이다. 이미 특권이 세습되는 사회답게, 누가 뭐라 해도 '신의 아들' 중에서는 군대에 가지도 않는 이들이 상당히 많다. 늘 '합법적 이유'를 들곤 한다. 삼성가만 보더라도 이건희 회장은 정신질환으로 군 면제를 받았다는 설이 있는가 하면 박정희의 특명으로 그래도 40일간 훈련을 받았다는 설이 있어 분분하지만, 좌우간 3년간 복무를 하지 않은 것만은 확실하다. 승마 국가대표 선수까지 지낸 그의 아들 이재용 부회장이 하필이면 허리 디스크로 군 면제 판정을 받았으며, 또 한 명의 '삼성가 3세'인 이재현 CJ그룹 회장은 유전병으로 군에 가지 않았다. 일반인의 군 면제율이 6.4%이며 재벌가라 해도 33% 정도지만, 삼성가 남성들은 73%의 기록적인 면제율을 자랑(?)한다. 군이 기피할 것도 없이, 모든 문제들이 거의 태생적으로(?) 해결된 것 같은 느낌을 준다. 실제로 국내 10대 재벌 가문 출신 628명을 조사한 한 연구팀은, 이들 가운데 미국 출생자가 119명이라는 사실을 발견했다. 미국 국적을 가진 자라면 기피할 필요도 없이 태생적인 특권들을 편안하게 누리면 될 일이다.

그렇다면 '신의 아들', 아니면 최소한 군에서의 좋은 보직을 보장해줄 수 있는 현대판 '육두품', '오두품'의 아들로 태어나지 못했다면? 군에 끌려가서 이 사회가 실제 작동하는 방식을 몸으로 익히게 된다. 폭력·폭언을 수반하는 철저한 상명하달의 구조부터 사고가 다반사인 장시간·고난도의 훈련·노동까지. 군보다야 강도가 덜하지만 국내의 일반 직장도 본질상 군조직과 다르지 않다. 이런 의미에서 군이란 국내외 '신의 아들'에게 엄청난 배당금을 만들어주는 한국 '노동력'을 양성하는 기관이다. 굳이 분노하자면 노동자들에 대한 착취를 최대화하고 군이라는 '순량한 노동력 양성소'를 지탱하는 이 사회 특권층을 상대로 하는 게 맞을 것이다. 이런 분노와 함께 군 감축, 군인 인권 보호의 강화, 나아가서 남북한의 공동 군축과 모병제로의 전환 등을 위정자에게 요구하는 게 순리일 것이다. 그렇게 해야 수백만 명의 한국 젊은이들에게 인생 최악의 공포와 부담이 되는 '군대 문제'를 본질적으로, 발전적으로 해결할 수 있을 것이다.

그러나 이미 박정희 시절부터 정권은 병역 부담과 그 부담 분담의 불공평성에 대한 민중의 분노를 엉뚱한 곳으로 돌리기 시작했다. 정권에 의해 특별병역관리 대상자로 분류된 '신의 아들'들은 유신 시대라 해도 '합법적 사유'로 면제받거나 비교적 편리한 방식으로 최소한의 복무를 하곤 했지만, 정권과 언론은 당시부터 병역기피자들을 다 같이 때려잡아야 하는 '비국민'으로 만들기 시작했다. 실제로 행정전산화 등 국가적 '통치성'의 제고로 1970년만 해도 13%였던 병역기피율을 1974년까지 0.1%로 떨어뜨릴 수 있었다. 그러나 유신 국가가 주민등록증 지참 필수화와 불심검문 등 온갖 감시와 통제 기제들을 이용하면서 필사적으로 "일소"하려 했던 그 기피자들은 과연 누구였던가? 그들 중에서는 상류층을 흉내내려 했던 중산층도 있었지만 군의 폭력성에 공포감을 느끼는 서민들도 적지 않았다. 또 가족 생계 책임에 대한 부담으로 (몸이 망가질 가능성이 높은) 군에 가는 것을 회피하려 했던 빈민층도 꽤 있었다. 실제 1953년 이후 한국군에서의 사망자 수(베트남전 제외)가 거의 6만 명에 이를 정도로 자살과 인명사고가 많은데, 빈민 젊은이들의 처지에서 보면 그들의 죽음이나 장애는 가족 전체의 생계 위기로 이어질 수 있었다. 살인적인 고문과 7~8년까지 되는 장기투옥을 당하면서 자신들의 양심이 용납할 수 없는 군복무를 강요당했던 여호와의 증인 등 병역거부자들도 유신 시절에 '병역기피자'로 분류됐다. 박정희 정권의 '기피자 사냥'의 정치적 의미는, 결국 소수에게 치부의 기회를 주면서 다수의 건강과 행복을 희생시켰던 권위주의적 산업화가 만들어내는 각종 사회적 모순, 특히 노동계급·빈민층과 중산층 사이에 벌어지는 격차로부터 다수의 눈을 돌리게 하며, 권력을 불법적으로 장악한 한 무리 정치군인들을 마치 사회정의의 전도사처럼 이미지 조작하는 것이었다.

　유신시대와 달리 직장에까지 찾아가서 '기피자 색출'을 벌이는 것은 아니지만, 박근혜 정권과 보수 언론들은 지금도 같은 종류의 정치 쇼를 벌인다. 국회를 통과한 병역법 개정안과 병무청이 발표한 시행령에 따라 2015년 7월부터 병역기피자들의 신상을 인터넷에 공개하는 제도가 실시된다. 언론들이 대대적으로 홍보하는 새로운 법의 명분은 여전히 '사회정의'이지만, 법 개정의 정치적 의미는 '특권층 병역기피'에 대한 대중의 분노를 박근혜 정권에 대한 지지로 이어지게끔 만들려는 것이리라. 그러나 당국이 엄선할 몇 명의 '기피자'들을 평생 '비국민'으로 만들고 그 자손들까지 수치심 속에서 살게끔 한다고 해서 과연 '신의 아들'들이 속속 논산훈련소로 향할까? 박근혜 정권의 국무총리 등을 포함하여 한국 특권층의 전형적인 행동패턴은 '의학적 이유'로 면제를 받거나 적절한 시점에서 한국 국적을 조용히 포기하는 것인데, 이렇게 하는 특권층들이 법 개정에 영향받을 리 만무하다. 신상이 공개된 '기피자'들을 향해 다수의 분노가 들끓을 때 그들은 득의의 미소를 띠고 있을 것이다.

"왜 자그마한 일에 분개하는가"라고 물어본 김수영의 말대로 피해 대중들의 분노 흐름을 조절하려 하는 이 사회 관리자들의 의도에 넘어가면 안 된다. 그들이 만들어놓은 억압과 착취, 무복지와 기업천국 노동지옥의 체제 그 자체가 분노의 대상에 오르는 그날, 우리 운명이 바뀔 수 있을 것이다.

기업국가
대한민국

"정부는 살인마다!" "아이를 살려내라!" 아이를 먼저 보내는 체험을 하지 않은 나로서는 상상조차 하기 힘든 아픔으로 넘치는 유가족들의 이 외침 속에 세월호 사태의 본질이 그대로 담겨 있다. 사이비 '언론인'들은 "교통사고" 따위를 들먹이지만, 해운업 감독의 책임이 있는 정부가 그 책임을 방기하고, 기업은 이윤을 위해 고객과 노동자의 생명을 볼모로 잡는다면 이는 사고가 아니다. 살인이다.

사고야 어디에서든지 일어날 수 있다. 내가 지금 사는 스칸디나비아에서도 1994년에 탈린과 스톡홀름 사이에서 운항했던 페리인 에스토니아호가 침몰돼 852명이 사망하는 20세기 최악의 선박사고가

났다. 그러나 왜 에스토니아호 희생자들의 유가족 중에서는 그 누구도 "정부는 살인마!"라고 부르지 않았던가? 에스토니아호를 소유했던 에스트라인이라는 회사는 공무원들과 결탁하여 상습적 과적 운항 등 각종 부정을 저지르지 않았으며 에스토니아와 핀란드, 스웨덴 해양구조 당국은 특혜 업체를 위해 초동대응을 늦추어주지 않았기 때문이다. 에스토니아호 참사가 말 그대로 사고였다면, 이번 일은 궁극적으로 국가와 기업에 의한 간접적 대량 살인으로밖에 볼 수 없다. 살인마라는 표현은 맞다.

군사독재 시절의 정부나 기업은 노동자 목숨을 초개처럼 여겼다. 박근혜가 자랑스러워하는 그 아버지 시절 '산업화'의 현장은 처참한 전장을 방불케 했다. 최대 국책사업 중 하나인 경부고속도로를 보라. 위안부 피해자, 강제징용 피해자들의 보상 권리를 팔아먹고 일본과 '관계 정상화' 해서 얻은 차관과 베트남에서의 미국 침략의 현장에 한국 군인들을 팔다시피 보내서 미국으로부터 받은 돈으로 1968~1970년 동안 했던 그 공사에서, 정권은 그 정치적 의미 때문에 계속 공기 단축을 재촉했다. 도로 공사에 익숙하지도 못한 노동자들이 최저가의 노후 장비로, 휴일에도 쉬지 못하고 살인적 속도로 작업하다가 줄줄이 죽어나갔다. 경부고속도로 공사의 대가는 노동자 77명의 산재사와 수백 명의 부상이었다. 이에 대한 정부의 대응은? 물론 한 푼의 국가배상도 없었다. 단 시공사 차원에서 사망자 한 명당 그 당시 돈으로 50만 원, 즉 오늘날 돈으로 500만 원 정도를 주었다. 이것이 '조국 근대화' 시절 노동자의 목숨 값이었다. 이와 같은 사회적 타살의 구조가 왜 지금까지 그대로인가?

도살장 같은 이 국가는, 1987년 이후 민주화됐다기보다는 기업에 의해서 사유화됐다. 관료집단이 기업을 관리하는 구조가, 기업이 상납 등을 통해서 관료들을 관리하면서 이용하는 구소로 바뀌었다. 기업의 목적이 오로지 이윤이다 보니 이러한 변화에 따른 것이 1990년대 중반의 여러 대형참사였다. 502명의 목숨을 앗아간 1995년의 삼풍백화점 붕괴가 대표적이다. 더 많은 이윤을 내려는 삼풍그룹이 공무원들에게 뇌물을 먹여가면서 상가 건물을 무리하게 백화점으로 개조하고, 그 백화점의 매장 공간을 최대한 넓히려고 벽을 헐어버려 건물을 부실하게 만들고, 거기에다가 건물이 무너지려는 징조가 보여도 계속 영업 지속을 강행하자 얼마든지 살 수 있었던 수백 명이 죽고 말았다. 구조적으로 삼풍백화점 참사는 이번 참사와 거의 흡사하다. 이것은 무엇을 말해주는가? 삼풍백화점 붕괴를 가능하게 한 국가와 기업 사이의 관계 구도가 그동안 본질적으로 달라지지 않았다는 것을 말해준다.

달라진 게 있다면 1997~1998년 환란을 계기로 국가는 더욱 기업국가 방향으로 변모돼간 것이었다. 신자유주의 대한민국의 구호인 '기업하기 좋은 나라'대로, 사기업의 이윤은 국가의 유일무이한 목적이 됐다. 기업국가로의 전환이 쉽고 자연스러웠던 것은, 그만큼 한국 사회에서 기업가와 고위직 공무원들이 서로 가깝기 때문이기도 하다. 혼연일체라고 해도 과언이 아닐 정도다. 노회찬 전 의원이 삼성으로부터 명절마다 천만 원가량의 '떡값'을 챙겼던 검사 7명의 명단을 발표해도, 사법 처리 당한 건 검찰청의 '삼성 장학생'들이 아닌 바로 노회찬 의원이었다. 이 사건은 우리 사회의 본질을 그대로 보여준다. 검·판사가 재벌의 사위가 되고, 퇴직한 공무원이 평소에 관련했던 업계로 내려가 한자리를 하는 사회에서 '국가'와 '기업'은 이미 하나다.

국가의 총력이 사기업의 이윤 창출에 동원되는 기업국가, 기업사회로서의 한국은 1997~1998년 이후 승승장구해왔다 해도 과언이 아닐 것이다. 구난 현장에서 국가는 턱없이 부실했지만, 국가와 하나가 된 주요 재벌들의 이윤 실적은 계속해서 세계 재계의 부러움을 사왔다. 최근 몇 년간 세계공황 등으로 기업매출증가율이 연간 2%에 그치고 수익성이 악화돼도 한국을 실질적으로 소유하고 있는 대기업 대주주들의 배당금은 전혀 줄어들지 않는다. 예컨대 삼성의 이건희는 삼성전자, 삼성생명, 삼성물산 등으로부터 2011년 1091억 원, 2012년 1034억 원, 2013년 1079억 원 등 불황 속에서도 어마어마한 배당금을 받아왔다. 10대 그룹 대주주 10명이 상장계열사로부터 받은 배당금은 최근 4년 동안 약 1조 원이나 되는데, 대한민국 전체의 1년간 실업급여 예산은 3조8600억 원 정도밖에 안 된다. 70만 명 이상이 되는 공식 실업자들이 받을 돈의 약 30%에 해당되는 금액을, 최고 부자 10명이 개인적으로 챙겨가는 셈이다. 이런 현대판 귀족사회에서 과연 국가가 서민의 목숨에 무슨 가치라도 부여하겠는가?

기업국가의 가장 두드러진 특징은 공공성의 부재다. 기업국가에서 공공기관이 챙겨주어야 할 서로 평등한 민주시민은 없다. 그저 기업이 필요로 한 인산 부품들이 있는가 하면, 필요가 없어서 폐기 처분되는 폐품들이 있을 뿐이다. 학창 시절 유명을 달리한 아이라면 아직 '쓸만한 부품'이 되지 못하여 아쉬워하겠지만, 기업으로서 더 이상 이용 가치가 없는 노인들 같으면 바로 폐품으로 취급받는다. 한국에서 특권층·중상층이 아닌 이상 노인으로 산다는 것은 '처벌'에 가깝다. 한국의 노인빈곤율은 거의 절반에 육박하여 산업화된 국가 중에서는 최악이고, 프랑스(5%)나 독일(10%)은 물론 미국(14%)과도 비교하기 어렵다. 그리고 그 빈곤율은 산업화된 국가 중에서는 가장 빠른 속도로 악화돼간다. 이명박 정권 초기에 44%였는데 이제는 노인들의 거의 절반이 빈곤의 나락으로 떨어졌다. 국민연금이 극도로 부실한데다가 기업들이 나이 든 사원을 너무 쉽게, 국가의 어떤 제재도 없이 퇴출시키는 게 원인 중 하나다. 2007년에 명예퇴직과 해고를 당한 노동자들이 65만 명이었는데 2013년에는 87만 명이 됐다. 일회용 제품처럼 쓰였다가 버려지는 노동자는 빈곤노인이 되고, 가면 갈수록 삶이 빡빡해진다. 각개약진, 즉 각자가 그 생존의 길을 알아서 가는 게 일상화된 사회에서는 가족들도 그를 외면하게 된다. 가난과 고독에 시달리는 수많은 노인들에게 자살만이 유일한 탈출로 보인다. 2000년에 10만 명당 34명이었던 65살 이상 한국 노인의 자살률이 이제는 80명이다. 세계 최악이다. 유럽에서는 노인자살률이 내려가고 있는 중이지만, 한국에서는 정반대이며 중국이나 싱가포르 등 다른 아시아 국가와 달리 별다른 대책도 없다. 알아서 죽으라는 것이다. 저질 기업국가 아니면 이런 죽음의 행렬이 가능하겠는가?

노인들과 함께 기업국가의 또 다른 커다란 피해자층은 바로 이번 참사 속에서 희생된 아이들과 같은 또래의 청소년, 청년들이다. 한국만큼 아이들이 불행하게 사는 나라는 없다. 기업의 '쓸만한 부품'으로 가공돼야 할 그들은 살인적 경쟁에 휘말리면서 일찌감치 심신의 황폐화를 당한다. 한국 청소년 사망 원인 1위는 자살이다. 절반이상이 가끔 자살 충동을 느끼고, 3분의 1은 간헐적으로나마 우울증을 경험한다. 그들에게 가만히 있으라고 늘 명하는 기업국가는, 그들에게 그 어떤 미래도 보장해주지 않는다.

기업국가 해체만이 우리 모두가 살아남을 수 있는 길이다. 기업본위의 사회를 인간 본위, 노동자 본위의 사회로 바꾸는 일에 다들 함께 착수하고, 기업국가 해체를 위하여 다 같이 반란자가 되지 않으면, 구명보트를 탈 만큼의 특권층이 아닌 대한민국호 승객의 대다수를 기다리는 것은 수장일 뿐이다.

무엇을
할 것인가?

　한국 진보정치는 기반을 잃어가는 느낌이다. 2010년 지방선거에서는 민주노동당과 진보신당 기초의회 의원 당선자 수를 합산하면 137명이나 됐다. 그때는 집권여당인 한나라당 기초의회 의원 수의 약 10% 정도 돼 그나마 '가시적 소수' 역할이라도 했다. 그러나 2014년 지방선거에선 통합진보당과 정의당, 노동당의 기초의원 당선자 수를 합해 불과 51명, 새누리당에 비해 3% 정도 될까 말까 한다. 노동당 당원인 나로서도 늘 위기감을 느끼지만, 가면 갈수록 노동당뿐만 아니라 모든 진보정당들의 존재감이 없어진다.

　진보정치의 위기는 하도 복잡한 현상인지라 제대로 설명하자면 단행본 한 권쯤 써야 한다. 당연히 진보의 지리멸렬해짐을 전부 진보주의자 자신들의 탓으로 돌릴 수도 없다. 노동자로서 하나의 계급으로서의 노동계급을 상상하기조차 어려울 만큼 갈수록 지배자들이 조종하는 노동자들의 분열이 심화된다. 단순한 노동자란 이제 없다. 정규직이 있는가 하면 무기계약직, 기간제 계약직, 촉탁직, 파견직, 임시직, 알바 등이 있을 뿐이다. 새로운 신분제로서의 신자유주의적 고용 체제는 이제 그 복잡한 서열로 조선시대 신분제를 능가할 정도다. 고용의 범주를 넘어서는 연대가 어려워지는 만큼 그런 연대를 기반으로 하는 계급정치도 어려워진다. 지배자들에 의한 끝 모를 비정규직 양산과 함께 정규직 노조들이 탄압받고 위축된다. 예컨대 지금 각급 학교 교직원의 40% 이상이 이미 비정규직이고 그 비중은 계속 높아지고 있다. 동시에 이번 정권의 탄압을 집중적으로 받는 전교조 조합원의 수는 장기적으로 감소 추세다. 2003년에 9만 명이 넘었지만 지금 6만 명 정도다. 관리자들이 조장하는 노동자층 분열, 노조 탄압, 노동운동의 위축 속에서 계급정치의 토양이 파괴돼간다. 거기에다가 '억울하면 성공하라'는 식의 교육이나, '경쟁의 승자'를 모범으로 내세우는 언론의 역할까지 생각하면 한국에서의 신자유주의 내면화의 과정을 잘 이해할 수 있다.

체제가 만들어내는 '환경'의 문제도 엄연히 존재하지만 우리 자신들의 오류도 생각해봐야 할 것이다. 과연 진보라는 우리들의 이데올로기는 무엇이고, 우리가 궁극적으로 원하는 사회의 상은 어떤 것인가? 이러한 차원에서는 집권여당과 주류 야당 사이에 사실 그다지 차이가 없다. 인권 보호나 사회서비스, 대북 정책 등의 차원에서는 차별성이 있다 하더라도 사회경제적으로는 양쪽 모두 오늘날 신자유주의 모델을 기본적으로 뜯어고칠 생각이 없다. 그저 그 모델을 어느 정도 보완할 '복지'를 이야기하는 수준이다. 그러나 여야 양당에는 지역 기반이라는 게 있는 이상 굳이 이데올로기가 체계화되지 않아도 그다지 상관없을 것이다. '지역개발 예산'과 땅값 상승을 기대하는 유권자들의 표는 어차피 몰리기 때문이다. 비주류 중에서도 한참 비주류인 우리에게는 이와 같은 '매력 포인트'가 없다. 그렇기에 이데올로기나 미래 비전에 더욱 신경을 쓸 수밖에 없다.

한국 진보의 역사적 이데올로기는 무엇인가? 한국전쟁 이후 진보의 기원이 진보당이라면 조봉암이 영국 노동당을 벤치마킹해 이데올로기적 체제를 잡았으며, 또 거기에다가 평화통일 등을 덧붙였다. 그러니까 1950년대 이후부터 한국에서 진보는 사민주의와 통일, 반전, 평화, 반제국주의 지향의 조합을 일컬었다. 그러나 이처럼 비교적 온건한 혁신계 이데올로기라 해도 이승만·박정희 정권으로부터 살인적 탄압을 받았으며, 결국 그 과정에서 일부분이 급진화의 길을 걸어 1976~1979년의 남민전 등 일부 조직들이 궁극적 사회주의국가 건설 계획을 들고나왔다. 광주항쟁 이후 급진화 경향은 한층 강화돼 1980년대의 진보는 철저히 반자본주의적이었다. 단 그 일부는 동구식 '현실 사회주의'를 모델로 삼았는가 하면, 또 한 경향은 동구

사회의 유교적, 총동원형 버전인 북한을 다소 이상적으로 생각했다. 그러다가 동구의 몰락과 북한의 급격한 약화는 한국 진보의 미래 비전을 망가뜨리고 말았다.

동구도 북한도 빛을 잃은 대신 부상한 것은 (1950~1960년대의 혁신 정당들이 이미 지향한 바 있었던) 사민주의였다. 물론 1980년대 운동의 여열이 남아 있는 만큼 한국 진보의 '사민화' 과정은 전혀 단순하지 않았다. 예컨대 2000년 1월 30일에 창당한 민주노동당의 강령은 본래 생산수단의 사회화와 사회주의에 대한 긍정적 언급을 담고 있는 등 일반 사민주의 정당보다는 적어도 강령상으로는 급진적이었다. 단, 실제 정책 개발의 중심에는 강령상 명기된 '재벌 해체'가 아닌 대표적인 사민주의적 의제, 즉 무상교육·무상의료와 부유세 등이 있었다. 그러나 민주노동당의 분열 과정에서 강령마저도 후퇴해 그 후속 정당의 강령에서는 대개 '사회주의'는 흔적 없이 사라지고 생산수단 사회화 등에 대한 언급도 없어지거나 완화됐다. 결국 핵심으로 남은 것은 재분배, 즉 복지에 대한 약속들인데, 보수정당들마저도 (기만적이긴 하지만) 이제 복지 의제를 전유해버린 상황에서 진보정당의 차별성은 약해졌다. 너나 나나 '핀란드식 교육'이니 '네덜란드식 노사관계 모델'이니 들먹이고 있는 판에 도대체 진보만의 독특한 정체성이 무엇인가라는 문제부터 떠오르게 됐다.

1990년대 이후의 진보는 1970~1980년대의 급진적 경향들을 뒤로한 채 사민주의로 회귀해버렸지만, 이미 자본주의 체제도 사민주의 진영의 구체적 모습도 완전하게 달라졌다. 아직 제조업의 이윤율이 높았던 1950년대에는 자본가들도 운수수단이나 전기 등의 안정적 운영·공급이란 차원에서 발전소나 철도 등 사회의 기본시설에 대한 국유화 정책에 그다지 반대하지 않았다. 그리고 이윤율이 높은 제조업의 정규직 고용이 계속 늘어날 수 있었던 만큼 그 이윤의 일부분이 세금으로 납부돼 노동자들이 공공 부문에서 의료나 자녀교육 서비스 등을 받을 수 있게 된 것도 자본으로서 꼭 반대할 일이 아니었다. 그만큼 기업은 사내 복지에 돈을 들일 필요가 없어 부담을 덜 수 있었기 때문이다. 그러니까 1950년대와 같은 분위기에서는 조봉암과 그 동지들이 현실적 강령으로서 그 당시의 제3세계 사민주의자들의 모토인 '생산에 대한 합리적 통제'나 '민족자본 육성', '계획경제', '교육에 대한 국가보장제' 등을 충분히 들고나올 수 있었다. 실은 아시아의 대표적 사민주의자라고 할 인도의 네루 수상은 재임기간(1947~1964년)에 대체로 그런 정책으로 일관했다. 사민주의가 한국으로서도 현실적 대안이었기에 1956년의 대선에서 조봉암은 유효표의 30%나 얻을 수 있었다.

그러나 과연 지금은 어떤가? 제조업 이윤율이 계속 떨어지는 상황에서, 사회 기반 시설은 물론이고 교육이나 의료 분야에까지 손을 뻗쳐 민영화하는 것이 자본가로서는 거의 사활의 문제가 됐다. 공공 부문을 식민화하지 않고서 저들의 이윤율 유지가 힘들기 때문이다. 자본 이동이 자율화돼, 늘 저세율 지대로 빠질 수 있는 자본에 고세율을 강요하는 것도 힘들어졌다. 공장 해외 이전이나 노동력 수입이 가능한 글로벌 신자유주의 시대에 노동자의 의료나 자녀교육에 대해 관심 갖는 자본가는 없다. 노동력이 그저 일회용 부품이 돼버린 이 시절에, 과연 사민주의적 계급대타협 같은 것은 현실적이기나 한가? 최근 사민주의자들이 조봉암 시절의 '계획경제'를 삭제한 채 '새 분배'만 이야기하지만 자본의 저항이 완강한 만큼 이것마저도 타협이 아닌 매우 급진적인 투쟁만으로 쟁취될 수 있을 것이다.

신자유주의 시대의 진보로서는 이미 깨져버린 사민주의 꿈에 대한 미련을 버리고, 자본에 대한 공세를 축으로 하여 이 사회의 모든 약자들을 총집결하는 것이 맞을 듯하다. 우리는 우리 생존권을 위해 자본가로부터 비정규직을 고용할 자유나 공장 해외 이전을 할 자유, 공공 부문을 민영화할 자유를 빼앗으려고 한다고 선언하고 계급투쟁의 전선을 분명하게 해야 한다. 그리고 그 투쟁의 끝에 자본주의를 넘어선 미래의 자세한 비전을 명확하게 보여야 한다.

주식회사 대한민국

ⓒ 박노자 2016

초판 1쇄 발행 2016년 6월 15일
초판 5쇄 발행 2020년 1월 10일

지은이 박노자
펴낸이 이상훈
편집인 김수영
본부장 정진항
편집1팀 고우리 김단희
마케팅 조재성 천용호 박신영 조은별 노유리
경영지원 정혜진 이송이

펴낸곳 한겨레출판(주) www.hanibook.co.kr
등록 2006년 1월 4일 제313-2006-00003호
주소 서울시 마포구 창전로 70(공덕동) 화수목빌딩 5층
전화 02-6383-1602~3 **팩스** 02-6383-1610
대표메일 book@hanibook.co.kr

ISBN 978-89-8431-988-2 03300

• 값은 뒤표지에 있습니다.
• 파본은 구입하신 서점에서 바꾸어 드립니다.